売らずに売る技術

高級ブランドに学ぶ　安売りせずに売る秘密

小山田裕哉

集英社

売らずに売る技術

高級ブランドに学ぶ
安売りせずに売る秘密

目次

Chapter 2

デジタルネイティブ世代をのめりこませるには 73

Chapter 3
ネットロコミの悪評とどう向き合っていくのか

Chapter 4
人々がブランドに求めるのは「お買い得」か「信頼」か

Chapter 5
ブランドが売るのは「モノ」ではない 183

Prologue

スマートフォンと
ソーシャルメディアの組み合わせは最悪だ

2010年、ファッションショーの風景が一変した

米『TIME』誌の「今年の顔」に、フェイスブック創設者のマーク・ザッカーバーグが選出された2010年は、ソーシャルメディアが世界中で本格的に普及した年として記憶されています。ツイッターの総投稿数が150億を突破（さらにわずか2カ月後に200億を達成）、フェイスブックのアクティブユーザー数は全世界で5億人を超え、そして現在、世界で4億人以上が利用する画像共有サービスのインスタグラムがリリースされました。

こうした状況を受け、同じ年には、それまでデジタル戦略では一歩遅れていたファッション業界にも重要な転換が起こっています。ファッションショーのフロントロウ（最前列席）の開放です。

もともとファッションショーのフロントロウは、米『VOGUE』編集長のアナ・ウィンターや、著名なファッションジャーナリストのスージー・メンケスのような業界人やセレブのためだけに許された特別な場所でした。だからこそアナ・ウィンターたちがファッション誌で伝えるショーの様子が、その年のトレンドを教えてく

れる貴重な情報として世界中の読者に求められたのです。

しかしインターネット、そしてソーシャルメディアが普及するにつれ、そんなフロントロウに変化が起こりました。

2010年、ファッションショーのフロントロウには、アナ・ウィンターたちに交じり、熱心にカメラを構えるアジア人の若者が座っていました。彼の正体は「ブライアン・ボーイ」。フィリピン出身の人気ファッション・ブロガーです。そのブログは『VOGUE』の発行部数を超えるほどの読者数を抱えています。この年、ブライアンだけでなく、多くのファッション・ブロガーがその発信力を期待され、これまで足を踏み入れることができなかったフロントロウへと招待されました。

変化はブロガーの招待だけではありません。アレキサンダー・マックイーンは巨大なクレーンカメラで撮影した春夏コレクションの模様をネット上で配信、ルイ・ヴィトンもフェイスブックを通じたライブ中継をスタート、そして、ドルチェ&ガッバーナの2010―2011年秋冬コレクションではショーの映像をiPhoneユーザー向けに直接、自社のアプリを通じてライブ配信しました。フロントロウはブロガーだけでなく、スマートフォンの向こう側にいる何億人もの一般ユーザーにも開放されたのです。

この光景は、2つのことを示しています。

長い間、エクスクルーシブ ⇓01 なイメージを大切にしていたハイファッションの業界ですら、「ソーシャルメディアの口コミ」の重要性を認めざるを得なくなったこと。もうひとつはドルチェ&ガッバーナがiPhoneに配信したように、スマートフォンとソーシャルメディアが普及したことで、ブランドが消費者に直接アプローチすることができるようになったということです。

企業がテレビや雑誌などのマスメディアを介することなく、消費者にアプローチできるようになった。これはまるで良いことずくめのように聞こえます。しかし、そんなことはありません。企業と消費者がつながっている状態は、消費者からも企業に直接クレームを届けることができるようになったということも意味します。しかも、その声に耳を傾けなければ、不満を抱えた人々の声はネット上に氾濫し、企業がコントロールできないまま広がり、半永久的にアーカイブ（保存）され、検索可能な状態に置かれます。たとえ問題を解決したあとであっても、企業名や商品名で検索されるたびに、悪評を目にされてしまうのです。

そう考えると、スマートフォンとソーシャルメディアの組み合わせは本来、「企業にとって素晴らしい」ことであるどころか、「企業にとっては最悪」なことなのです。

企業が「売ろうとして売る」ことが難しい時代

もちろん、消費者にとってはこんなに便利なツールはありません。スマートフォンによって人々はいつでも、どこでもインターネットにアクセスできるようになり、ソーシャルメディアがリアルな友人関係を超えた人々のつながりを可能にしました。私たちの思いはネット空間の中で自由に解放され、従来であれば考えられなかったさまざまなものを生み出しています。フリーで、フラットで、デモクラティックな世界が実現されたように感じられます。

しかしＩＴ企業ならともかく、そんな消費者に「モノ」を売りたい企業にとっては、やはりこの状況は最悪なのです。

スマートフォンを持つことが当たり前になったことで、売り場を訪れた人が手元で商品名を検索すれば、ネット上の評判や店ごとの価格の違いをチェックできるようになりました。その結果、評価が悪かったら購入しないか、もっと安く販売する店があるとわかればそこへ行ってしまう。そんなことが当然のように起こっています。

さらに、企業が必死にブランドのイメージを高める広告を作り、多額の予算を使ってメディアに掲載してもらっても、ユーザーは広告よりもソーシャルメディアから流れてくる友人の口コミを重視しています。口コミをコントロールするのは至難の業で、やり方が露骨だと「ステマ」⇓02だと非難される。その悪評もまた、企業がコントロールできないままネットを通じて拡散していきます。

いわば、スマートフォンとソーシャルメディアが普及したことで、企業が能動的に「売ろうとして売る」ことが非常に難しい時代になってしまったのです。

しかし、人々にこんな便利なツールを手放してもらうことは不可能でしょう。企業に必要とされるのは、この「最悪の変化」から目を背けることではなく、適応することです。ビジネスを続ける限り、スマートフォンとソーシャルメディアを手にした「新しい消費者」に正面から向き合うことを考えなければなりません。

では、新しい消費者と向き合っていくうえで、カギになるものは何か。私はそれが「ブランド」であると思います。

これまで何度も「ビジネスにおいてブランドの構築は重要だ」と語られ、多くの人が「そうだそうだ」と頷いてきました。しかし「ブランドがなぜ重要なのか」という問いについて、はっきりと答えられる人は、決して多くはないと思います。

ブランド・マネジメント研究の第一人者、ケビン・レーン・ケラーは著書『戦略的ブランド・マネジメント』の中で、「最も重要なのは、ブランドが消費者にとって特別な意味を有することである」と指摘しています。どのブランドが自分のニーズを満たし、どのブランドがそうでないか知ることは、商品を「買うか、買わないか」考える際の意思決定を単純化するだけでなく、企業と消費者を「一種の絆、ないし約束」で結びつけることにもつながります。

企業にとってはどうでしょう。ブランドによって消費者との絆が生まれれば、商品に特別な意味が与えられ、新機能や安売りに頼らなくても、ほかの商品との差別化が実現できるようになります。つまり、絆を感じ、そのブランドのファンになった人にとっては、そのブランドの商品は「特別なもの」であり、容易に「ほかの商

品では替えられない価値」を抱くようになるのです。これは他社に対する参入障壁としても機能します。⇓03

ではそうしたブランドの特性が、なぜソーシャルメディアが普及した今、重要なのでしょうか？

「マーケティングの神様」と呼ばれる、フィリップ・コトラーは、現代の消費者の実に70％が「ネット上の口コミを信用している」とのデータを提示したうえで、企業の広告よりも、ほかの消費者の口コミがはるかに信頼され、参考にされている現状を指摘しています。⇓04 もはや企業の広告は人々に「本当のことを語っている」とは思われておらず、その役割は今、ネットの口コミが担っているのです。

しかし、コトラーはこうした消費者の変化をチャンスと捉えます。

今日の消費者は、自分たちだけのコミュニティに集い、自分たちだけの製品や経験価値を共創し、そのコミュニティの外には、称賛に値するキャラクター（個性）を持つ人物を探すときにしか目を向けない。自分のコミュニティの外では魅力的なキャラクターにはめったにお目にかかれないとわかっているの

で、彼らは疑り深い。だが、いったんそのようなキャラクターを持つ人物を見つけたら、ただちに熱烈な信者となる。⇓05

コトラーはここで「キャラクター」を「ブランド」と同様の意味に使っています。つまり、「今の消費者はコミュニティの外にある企業の広告には目を向けないけれど、彼らがいるコミュニティに向けて、『あなたたちにとって魅力的なブランドがここにある』と伝えることに成功したら、熱心なファンになってくれるよ」と語っているのです。

ただし、そのためにはブランドが厳しい判断基準を持った消費者の監視に堪え得る、確固としたＤＮＡを持ったものでなければなりません。表面上だけ「良いこと」を訴えても、それが実態を伴っていないとバレたら、即座に信用を失ってしまいます。だからソーシャルメディアが普及した時代において、ブレない、確固としたブランドを持ち、それをマネジメントしていくことはとても重要なのです。

人々はどんな投稿に「いいね！」しているのか

本書では、そんなソーシャルメディア時代におけるブランド・マネジメントの参考例を、ラグジュアリーブランドに求めました。エルメスやルイ・ヴィトン、グッチにシャネル、そしてメルセデスやレクサスといった高級品を手がけるブランドたちです。

ファッションショーのフロントロウが２０１０年まで本格的に開放されることがなかったように、長い間、エクスクルーシブであることに価値を置いてきたラグジュアリーブランドは、インターネットのフラットな価値観とは相容れないと評されてきました。企業の広告よりも人々の口コミが重視される世界では、ブランドの世界観を保つことができないと言われてきたのです。

しかし、ソーシャルメディアが台頭し、それが人々のライフスタイルも変えてしまった近年、ラグジュアリーブランドも新しい消費者を無視するのではなく、正面から向き合おうとしてきています。その試行錯誤の歴史は、多くの「売り手」にとっても、参考になるヒントを含んでいます。

変化を読み解く最大のキーワードは、「デジタル戦略」です。

しかし、これは単にウェブサイトを作るとか、ツイッターやフェイスブックのアカウントを作るといったことを指すわけではありません。例えば、ソーシャルメディアに投稿されやすい「ネタ」について考えてみましょう。

人々は広告に「いいね！」をなかなか押してはくれませんが、おいしいものを食べたとか、好きなアーティストのコンサートに行ったとか、知らない土地を旅したといった投稿には「いいね！」を押し、友人とその感動を共有したいと思います。そして、自分もその楽しそうな「体験」をしてみたいと思うのです。これはコトラーの言う「コミュニティでの経験価値の共創」です。

ここで視点を変えてみてください。広告に「いいね！」を押してくれなくても、コミュニティに属する友人の体験には「いいね！」を押す。これを企業から見ると、彼らのコミュニティに入り込み、消費者が感動するような体験をデザインすることができれば、それは商品やブランドにまつわる「良い口コミ」となって広まっていくのではないか。そう考えることができます。

単にソーシャルメディアにアカウントを作り、企業が一方的に情報を発信しても、やはり従来型の「広告」です。消費者から「良い口コミ」を引き出すためには、彼らの目線に立って、心が動かされるような体験を提供することが必要です。それが伴なっていなければ、デジタル戦略としては不十分です。

反対に、体験をうまくデザインすることができれば、商品やブランドに関する「良い口コミ」がソーシャルメディアで爆発的に拡散していくことが珍しくありません。アナログな体験の価値が、デジタルの力によって実際に経験していない人にまで伝わるのです。友人の旅行のレポートに「いいね！」を押して、「自分も行ってみたい！」と思うように——。これこそが「デジタル戦略を考えるうえで体験の創造が重要である」と強調する理由です。

グーグルは物語で消費者と絆を結んでいく

しかしそこで提供する「体験」は、「話題になれば何でもいい」というわけにはいきません。その「体験」はブランドのＤＮＡであり、ブランド・マネジメントの指針となる「物語」を中心としてデザインしていかなければなりません。

この点について、グーグルが興味深いことを語っています。


生活者との絆づくりにさらに欠かせないのは、「Show why」――ブランドがどのような信念に基づき、何を目指してプロダクトを提供しているか示すことである。これを理解・共感してもらえなければ、マーケティングコミュニケーションとして提供するストーリーへの信頼は生まれず、最終的にブランドと生活者の絆にもつながらない。

グーグルのミッションは、「世界中の情報を整理し、世界中の人々がアクセスできて使えるようにする」であり、私たちのすべての活動は、「テクノロジーで世界の大きな問題を解決することで、人々の生活をより良くできる」という信念に支えられている。

（中略）

発展を続けるデジタルテクノロジーにより、生活者は企業・ブランドのあらゆる活動の情報にアクセスし、自ら企業やブランドを評価する発信者となった。このような時代に、顧客に信頼され、愛されるブランドとなるためにはマーケティングコミュニケーションの開発に、偽りのない、そして、揺るぎない指針が必須であり、マーケターはその規定と継続的な実践に責任を持たなくてはいけない。⇓06

グーグルの言う「テクノロジーで世界の大きな問題を解決することで、人々の生活をより良くできる」という信念は、それ自体が多くの人が共感できる「物語」となっています。さらに記事からは、グーグルが発するメッセージはすべてこの「物語」を軸に持っているということもわかります。そしてそれが、消費者が「企業・ブランドのあらゆる活動の情報にアクセスし、自ら企業やブランドを評価する発信者となった」時代において、「愛されるブランド」になるための必須の条件だと語っているのです。

モノがあふれ、商品のコモディティ化 ⇓07 が進んでいる現代では、機能をアピールするだけではライバルとの差別化は難しい。しかしブランドの揺るぎない「物語」は、他社がコピーすることは不可能です。というより、ソーシャルメディアの監視により、コピーした瞬間にそれは企業が本当に持っている「信念」ではないとバレてしまいます。

ブランドが提供する「体験」は、常に固有の「物語」を参照点として、そこからズレすぎていないか、自分で自分のブランド価値を貶めることになっていないか、企業自らが厳しくチェックしていくことが欠かせません。それが企業の活動に対して疑い深い、ソーシャルメディア時代の消費者に向き合うための「デジタル戦略の基本」です。

ラグジュアリーブランドから売る秘訣を学ぶべき理由

本書がラグジュアリーブランドの変化を扱う理由はここにあります。ラグジュアリーブランドとは、まさにこの「ブランドのＤＮＡである『物語』を指針としながら、そこからブレないように、しかし着実に変化を遂げてきた」ブランドの最たる例なのです。

ソーシャルメディアの普及にもっとも劇的なやり方で対応し、新しい価値を生み出したラグジュアリーブランドに、イギリスのバーバリーがあります。後の章でも重要な位置を占めることになるこの老舗ブランドは、２０００年代後半から、デジタルへの対応を最優先させる「デジタル・ファースト戦略」によって、ブランドの若返りと、多大な成長を実現しました。

　当時のＣＥＯであり、現在はアップルの上級副社長を務めるアンジェラ・アーレンツのこの決断について、『ＷＩＲＥＤ』日本版編集長の若林恵《わかばやしけい》氏は次のように評しています。


　ブランド、とりわけラグジュアリーブランドの生命線がイメージコントロールにあることを考えれば、制御不能な要素をブランドコミュニケーションに組み込むことは大きな賭けとなる。任意に選択されたチャンネルを通じて、限定されたイメージを供給することで幻想性と価値を高めてきたハイブランドのコミュニケーションの方法論と、ソーシャルメディアはときに真っ向から対立する。

　しかし、従来の方法論に則って、都合のいい情報を一方的に流すだけのツールとしてのみ利用するのであれば、そもそもソーシャルメディアを使う意味はない。「ブランド」にとって、ソーシャルはジレンマの種ともなる。

しかし、それはバーバリーにおいてはジレンマとはならなかった。なぜなら、彼らは、ソーシャルがもたらすリスクをリスクとは考えず、それを積極的に採用し推進する姿勢を、ブランドのアイデンティティと結びつけたからだ。⇓08

バーバリーの個々の戦略についてはChapter 2で詳しく検証しますが、今やバーバリーだけでなくあらゆるラグジュアリーブランドが、デジタルへの対応を企業の命運を左右する戦略として推し進めています。

エクスクルーシブなブランドから、デモクラティックなブランドへ。クローズドからオープンへ。バーバリーを筆頭に、ラグジュアリーブランドに起こっている変化には、これからの企業がいかに新しい消費者に向き合い、ビジネスを展開させていくのか、ということを考えるためのヒントが詰まっています。

そしてそれは、企業が広告によって「売ろうとして売る」ことが難しくなった現代において重要な意味を持っています。ブランドが持つ「物語」を軸に、消費者のコミュニティの内側に届く「体験」を生み出し、その価値を「デジタル」によって最大限に増幅し、絆を結んでいく。そこでは企業の「売りたい意思」の押し付けではなく、消費者の価値観に寄り添った提案をし、企業も消費者のコミュニティの一員として振る舞うことが求められています。

このソーシャルメディア時代における「売らずに売る技術」は、スマートフォンとソーシャルメディアを人々が手放さない以上、もはやあらゆるビジネスパーソンにとって必須の知識でしょう。本書が、それを身につけるための手引きとなれば幸いです。

Prologue
Summary・まとめ

- 企業でなく消費者がブランドを評価し、発信する
- 信用されるのは、広告よりもネット口コミ
- 企業がネット口コミをコントロールするのは不可能
- ブランドの提供する体験が良い口コミを生む
- 評価されるのはブレないメッセージを発する企業

エミリオプッチの2011年春夏ミラノコレクションのフロントロウ。熱心にカメラを構えている青年がファッションブロガーの「ブライアン・ボーイ」だ

Annotation・注釈

01 エクスクルーシブ（exclusive）とはハイモードのファッション誌でよく使われる言葉で、「一部の選ばれた人向け」を意味する。そこから転じて、「高級な」「独占的な」「限定の」といった意味でも使われる。

02 「ステマ」はネットスラングで、ステルスマーケティングを略した呼び方。それが企業や商品の宣伝であると消費者に悟られないように行う宣伝活動で、ネット上では中立的な立場になりすまして口コミや記事を書くケースが多い。一般的には「ヤラセ」と同一視され、発覚した場合、企業は非難にさらされる。

03 ケビン・レーン・ケラー『戦略的ブランド・マネジメント（第3版）』P7～11

04 フィリップ・コトラー『コトラーのマーケティング3・0　ソーシャルメディア時代の新法則』P55

05 同書 P58

06 DIAMOND ハーバード・ビジネス・レビュー「今、マーケティングコミュニケーションに求められることは？――Connect Users with Magic」http://www.dhbr.net/articles/-/3411

07 コモディティ化（commoditization）は「同質化」「陳腐化」などと訳される。市場が成熟するなかで商品の機能や品質に差がなくなり、消費者がブランドごとの違いを見出しにくくなった状態のこと。そのため、コモディティ化が進んだ商品のカテゴリーでは価格による差別化が行われるが、これはコスト削減の熾烈な競争につながっていく。

08 WIRED「21世紀の「ラグジュアリー」を定義せよ――バーバリーはいかにしてデジタル改革に成功したか【上】」http://wired.jp/2012/06/25/burberry-digital-1/

Chapter 1

なぜメルセデスは エンジン工場をネット公開したのか

上／メルセデス AMG のエンジンには、それが職人の手作りであることを証明するために担当エンジニアの名前を刻んだプレートが貼り付けられている
下／ 2012 年にそれまで非公開だったエンジン工場の様子をネット動画として公開。写真はドイツの工場で V12 エンジンを手作りで組み上げるエンジニア

ラグジュアリーブランドはもう、隠さない！

これから各論に入る前に、ラグジュアリーブランドの変化の前提となる社会の側の変化について、もう少し詳しく掘り下げていきたいと思います。

２０１２年6月18日、近年のラグジュアリーブランドに起こっている変化を象徴的に表す、「AMG Virtual Tour」⇓01という1本の動画がＹｏｕＴｕｂｅで公開されました。動画を制作・投稿したのは、メルセデス・ベンツの上位モデルとして知られる高級自動車ブランド「メルセデスＡＭＧ」（以下、ＡＭＧ）です。

もともと１９６７年にレースカー用エンジンの設計・開発会社として創業したＡＭＧは、ある独特の哲学があることで知られています。それは「One Man,One Engine」と呼ばれ、ひとりの熟練職人が、ひとつのエンジンを専任で組み上げるというもの。実際にＡＭＧのエンジンプレートには、組み上げを担当した職人（マイスター）の名前が証明として刻み込まれています。ＡＭＧは自動車をまるで伝統工芸品のように扱うことで、同社をラグジュアリーブランドたらしめてきたわけです。

エンジン専門の会社としてスタートしたＡＭＧらしい哲学ですが、実際にエンジンを手作りしている様子はトップシークレットで、長らく非公開とされてきました。そうしたブランドの「舞台裏」を隠すことで、購入した顧客だけが感じることができる「エクスクルーシブな特別感」を提供してきたのです。

こうして、モーターファンの間で半ば伝説のように語られてきた「職人の手作りエンジン」ですが、ＹｏｕＴｕｂｅに「AMG Virtual Tour」が公開されたことにより、この状況は一変します。ドイツのアファルターバッハにある本社工場のバーチャルツアーとして撮影された映像には、トップシークレットだったエンジンの生産過程がしっかり映っていたのです。

エンジンがひとりの職人の手によって丁寧に組み上げられていき、最後にその証拠としてエンジンプレートがはめ込まれる一連の動画は、大きな話題を呼びました。「本当に手作りだった！」とモーターファンを興奮させたのです。

そして、このような動きは、ラグジュアリーブランドの至るところで起こっています。

イタリア北東部のヴィチェンツァ地方における革職人の伝統から生まれたファッションメゾン「ボッテガ・ヴェネタ」は、「イントレチャート」と呼ばれる革の編み込み加工をブランドの象徴として守り続けてきました。複雑に革が編み込まれた模様のバッグや財布などを見たことのある人も多いでしょう。あれがイントレチャートです。

ボッテガ・ヴェネタはイタリア語で「ヴェネトの工房」という意味なのですが、その名の通り、熟練した職人技（クラフトマンシップ）に裏打ちされた革製品を主軸に、ラグジュアリーブランドとしての地位を築いてきました。しかし、こうした革の編み込み技術をはじめ、現地の工房で大切に守られてきた職人技は、その存続が危ぶまれてもいました。時代の移り変わりとともに、伝統を継承する次世代の担い手が減少していたのです。

そこでボッテガ・ヴェネタは、２００６年から革職人を養成し、支援するための専門学校「la Scuola Della Pelletteria Bottega Veneta」をヴィチェンツァに開校。世界中から生徒を集め、熟練の技を伝えています。

この取り組みのポイントは、自社の利益だけを考えて創設した学校ではないことにあります。ボッテガ・ヴェネタが資金を提供しているにもかかわらず、授業料は基本的に免除され、なおかつ、生徒たちは卒業後にブランドへの就職を義務づけられていません。

世界中から集った生徒たちはボッテガ・ヴェネタを支える熟練職人たちから技術を学び、その真髄を身に着けていきます。しかも、それはひとつの企業・ブランドだけで独占されるものではなく、世界中に巣立っていく生徒たちの間で公共財のように共有され、さまざまなジャンルのものづくりに応用されているのです。

これと同じような取り組みを、フランスの高級宝飾品ブランド「ヴァン クリーフ&アーペル」（以下、ヴァンクリ）も行っています。

１９０６年の創業以来、時代を超える宝飾品を生み出してきたヴァンクリは、その優れた職人技を次世代に継承していくため、２０１２年2月にジュエリー学校「レコール ヴァン クリーフ&アーペル」を、ブランド発祥の地であるパリのヴァンドーム広場に開校しました。コンセプトはまさに、「ベールを取り去り、美しいジュエリーの世界の知識を共有し、その技術を継承する」こと。

このレコールには世界中から誰でも参加することができ、職人の技術以外にも、芸術史や素材に対する知識などといった鑑識眼を育むカリキュラムも用意され、世界トップレベルに位置するジュエラーの真髄を直に学ぶことができます。

ヴァンクリが専門家や業界関係者以外にも門戸を開いたことは大きな話題を呼び、これまでに世界中から多数の受講生を集めています。一説によると、ヴァンクリの「ミステリー・セッティング」と呼ばれる独自テクニック（宝石を支える爪が表面から見えないようにセッティングする技法で、特許も取得）の秘密を垣間見るため、同業者の参加希望もかなり多かったと言われています。

また、学校ほど大規模な例でなくとも、各国のアーティストやデザイナーとのコラボによってブランドのＤＮＡを守り、伝えていこうとする試みも行われています。

イタリアのラグジュアリーブランド「フェンディ」は、「Fatto A Mano For The Future」という「手仕事の素晴らしさを未来に伝えるプロジェクト」を世界中で実施。日本では２０１１年に伊勢丹新宿店などで、金沢の伝統工芸「加賀象嵌」の若手作家・竹松歩《たけまつあゆみ》氏とフェンディの革職人がコラボを行い、フィレンツェにある同ブランドの古い工房が再現された空間で、最高級レザーを使用した作品の共同制作を披露しました。「Fatto A Mano」がイタリア語で「手仕事」を意味するように、このイベントも、ブランドのDNAであるクラフトマンシップを未来に継承していくための試みといえるでしょう。

AMGにボッテガ・ヴェネタ、ヴァンクリ、フェンディが行っている事例には、共通点があります。それはこれまで非公開を貫いてきたものづくりの裏側を公開し、広く世の中にシェアしていこうとする開かれた姿勢です。しかもこうした姿勢は、現代のラグジュアリーブランドにとって、もはや当たり前のことになりつつあります。

ハリウッド・セレブの「すっぴん公開」との共通点

すでにほとんどのラグジュアリーブランドがソーシャルメディアに自社のアカウントを持ち、さまざまな情報を発信しています。自国語で書かれた社史がなく、ブランドの哲学をあまり表に出してこなかったエルメス（唯一の社史は竹宮恵子氏の漫画！）のようなブランドでさえ、フェイスブックやYouTubeにアカウントを作り、自ら消費者に語りかけています。

さらにラグジュアリーブランドはここ最近、ネット上の活動だけに留まらず、エクスクルーシブでない、誰でも参加できるイベントの開催にも熱心です。

2014年の秋から冬にはディオールとエルメスが都内でイベントを実施しました。銀座で開催されたディオールのエキシビション「エスプリ ディオール―ディオールの世界」展は、創業者のクリスチャン・ディオールからラフ・シモンズ（開催時のクリエイティブ・ディレクター）の時代まで、ディオールの世界を、製作されたドレスの展示、写真や映像で表現しました。

エルメスは上野の東京国立博物館・表慶館で「レザー・フォーエバー」展を開催。ケリーバッグやバーキンバッグなど、革製品で絶大な人気を誇るエルメスの「レザー」にまつわるこだわりを、素材の展示や職人のバッグ製作の実演によって公開しました。

どちらも入場は無料で、撮影も許可されていました。

その結果、来場者たちは手元のスマートフォンで美しい革製品やコートを撮影し、ソーシャルメディアを通じてイベントの模様を友人たちと共有しました。本来、限られた人たちの間のみに知られていたラグジュアリーブランドの世界を誰でもアクセスできるように開放して、ネット上で「シェア」できるようにしたわけです。

しかしそれは、「エクスクルーシブな特別感」というラグジュアリーブランドが持っていた従来の定義から見れば、受け入れがたいものであったはずです。

ネット動画やイベントによってものづくりの裏側を公開したり、学校で職人技の秘密を共有して、しかもその人たちは自社の工房で働かないとなれば、長きにわたって大切に守り抜いてきたブランドの価値が損なわれる可能性がありそうなものです。それはブランドのイメージを重視するラグジュアリーブランドにとって「命取り」になり得ます。だからこそ何十年もの間、ものづくりの裏側は非公開だったはずです。

イメージを大切にするブランドが、イメージの毀損を恐れず、その内側を公開する。しかも、それが不特定多数の人たちに拡散されることも恐れない。この状況は、まったく別のジャンルで起こっている変化と似ているところがあります。

こうしたラグジュアリーブランドの変化は、世界中の人の憧れの的だったスターが「素顔」を公開し、「これが本当の私なのよ」と同じ目線で語りかけているようなものだと思います。実際、ハリウッド・セレブの間では、ソーシャルメディアを通じて「すっぴん」を公開する人が続出しているのです。

女優のグウィネス・パルトロウはすっぴんで引き締まったビキニ姿を、友人のステラ・マッカートニー（ファッション・デザイナー）のインスタグラム上で披露。さらに、化粧品ブランドのマックスファクターの広告企画では、自身のインスタグラムに、化粧なし・ありの「ビフォー・アフター」を比較した写真まで投稿しています。

また、ケイト・ウィンスレットとスカーレット・ヨハンソンという2人の有名女優は、2015年9月に「ノーメイク」とコメントを添えて、自身のすっぴん写真をフェイスブックにアップしました。2人の意図について、WEBメディアの「ハフィントンポスト」は次のように伝えています。

39歳のウィンスレットは言った。「自分がふっくらしているのも、大きな足なのも、髪型が決まらない日があるのも、よくわかっています。幼い頃からずっと、今でも時々、ボディ・イメージについて、ポジティブなことを言われたことはないです。聞こえてくるのはネガティブなものばかり」と。

3人の子供の母親である彼女は続けた。「肌にしわがあるのはわかっているけれども、今日はそれを超えたものを見てほしいのです。私は、本当の私を受け入れたいし、あなた方にもあなた方自身をありのままに受け入れて、ありのままの自分を愛してほしいと思います」

30歳のスカーレット・ヨハンソンも、続いて同じような記事を投稿し、ハリウッドにはびこるフォトショップ加工と動画編集が、若い少女たちの美しさに対する間違った理解を助長していると懸念を示した。⇓02

ハリウッド・セレブの「すっぴん公開」とラグジュアリーブランドの変化が、同じ文脈で語られることはめったにありません。

しかし、どちらもここ数年の間に急速に広まったこと、どちらも従来であればパパラッチが「スクープ」として撮影したり、リポートしてきたものであること（ラグジュアリーブランドは、ものづくりの裏側がしばしばスキャンダルの対象になってきました）、しかもそれを、ブランドや女優が自ら明かしていることなど、共通するところは決して少なくありません。そう考えると、この背景には何か、世界的な「価値観の変化」があるのではないかと感じられます。

では、ハリウッド・セレブやラグジュアリーブランドに行動を促した価値観の変化とは、いったい何か？　クローズドな「秘密」を広くシェアするように変わった理由とは、どういうものだったのでしょうか？

ソーシャルメディアが人も企業も「中身化」する

結論から言うと、ラグジュアリーブランドやハリウッド・セレブには「変わらなければならない」理由がありました。その背景には、インターネットの普及、そして、ソーシャルメディアの台頭があったのです。

編集者の菅付雅信《すがつけまさのぶ》氏は、現代のライフスタイルの変化を論じた著書『中身化する社会』の中で、ネットの進化とソーシャルメディアの爆発的な普及によって、商品や人物の「中身」が可視化されてしまう状況（＝中身化）を紹介しています。

今やネット上における私たちのあらゆる発言・行動は記録され、検索可能な状態に置かれています。私たちが日々ソーシャルメディアを通じて人生の記録を公開し続ける限り、それは避けることができない現実です。たとえフェイスブックの公開範囲を「友人限定」にしていても、その友人から、思わぬかたちでネット上に漏れてしまうこともあります。

では、そのような社会で起こることは何か――。取材で菅付氏は次のように語ってくれました。

「今や好むと好まざるとにかかわらず、人々の人格はネットの世界での振る舞いで判断されるようになりました。たいていのことが『ググれる（グーグルで検索できる）』ようになった結果、アポイントメントがあるときはまずフェイスブックやグーグルなどで、その人がどんな人物なのか調べることも当たり前になっています。すると、どんなに着飾っても、第一印象がネットの検索結果に左右されてしまいます。以前、『人は見た目が9割』というベストセラーのビジネス書もありましたが、たとえ見た目をどんなに取り繕っても、検索結果が思わしくなければ信用されない世の中になりつつあるのです」

これを菅付氏は「ソーシャルメディアが『見栄』を殺す」と表現します。上辺だけの華やかさではなく、より本質的な「中身」で評価される社会の到来。菅付氏が提唱する「中身化」とは、外見よりも中身に価値を置くという意味で、「誰が言うか」より「何を言うか」が問われる社会と言い換えられるでしょう。

この指摘を裏付けるように、前出のスカーレット・ヨハンソンは「すっぴん」をフェイスブックに公開した理由について説明する際、自身のファンに語りかけるかたちで、こう綴っています。

どう見えているかばかり気にしているうちは、美しく見えることは、そういいことではないのです。何も気にしないことです。本当のあなたを愛しましょう。ありのままのあなたを。（中略）必要なのは、素晴らしい心と他者に対して共感する力です。このメッセージを広めて、あなたが外見よりも内側の美しさを大切にする人だということを知らせましょう。⇓03

このメッセージからは、彼女が自身のファンに、「外見よりも中身の美しさを大切にして」と訴えていることがわかると思います。この発言は大きな共感を呼び、投稿から1週間ほどで50万近くの人にシェアされました。これは一部のハリウッド・セレブが先導して、大衆に価値観の変化を促しているわけではありません。

菅付氏が指摘するように、ソーシャルメディアの普及が人々の「中身化」を推し進め、「何を美しいと感じ、何をかっこいいと感じるか」の価値基準を「人工的に作られたもの」から「より本質的なもの」に変えてしまったのです。ヨハンソンたちはその「代弁者」であろうとしているにすぎないのです。

「心地がよい」という新しいラグジュアリー

では具体的に、人々の価値観の変化は、社会にどんな影響を及ぼしているのか？菅付氏は、ソーシャルメディアの普及にいち早く対応したアメリカの都市を中心に、新しいムーブメントが広まっていると語ります。

「僕は定期的にニューヨークを訪れているのですが、ソーシャルメディアが普及してから街を行き交う人々の様子に大きな変化を感じました。ファッションの流行を人々の装いから感じることがかなり減ったんです。ソーシャルメディアで人々が発信できるようになったことで、もはやファッションで自分を語る必要がなくなってきたのだと思います。流行を追うよりも、もっと職人的だったり、個人的なカスタマイズが施されていたり、生産者の顔や背景が見えるものだったりと、本質的で、パーソナルなものを求めるようになってきた傾向があります。地産地消型のオーガニックレストランであったり、ハンドクラフトのジーンズショップであったり。こうしたムーブメントを『コンフォート』と呼ぶ人もいますし、『ダウンシフト』、または『スペンドシフト』と呼ぶ人もいます。これらはニューヨークだけに留まらず、急速な広がりを見せています。もちろん、このムーブメントは単に安易に『快適』であることを指向しているわけではありません。衣食住すべてにおいて『本質的であるからこそ、心地がよい』を追求する、それまでの大量生産・大量消費とは異なる流れなのです」

そんなトレンドには、代表的な雑誌があります。『KINFOLK（キンフォーク）』というアメリカのオレゴン州ポートランド生まれのライフスタイル誌です。

2011年の創刊時にわずか250部から始まった『KINFOLK』は、写真と文章で構成されたシンプルなレイアウトが目を引く、独立系のメディアです。同誌のテーマは、「スモールギャザリング（小さな集い）」の大切さ。大量消費を煽るのではなく、自分にとって必要なものを能動的に見極める目を養うことを推奨し、家族や地域のつながりを重視する。そうすることで見栄を張らず、心地よい（コンフォートな）ライフスタイルを実現することを掲げています。

『KINFOLK』は2013年6月から日本版も発行され、たちまち人気を博しました。人口60万人ほどの地方都市だったポートランドも「新しいライフスタイルの発信地」として注目され、「全米でもっとも住みたい街ランキング」上位の常連となりました。

さらに、ポートランドから生まれた「サードウェーブコーヒー」「クラフトビール」などの文化も、ニューヨークやロサンゼルスなどアメリカ国内の大都市へ広がっただけでなく、あっという間に海を越え、この日本でもブームとなっています。

ポートランドは豊かな自然に囲まれた街で、製材業を中心に発展してきた歴史的な経緯があります。そこから、職人の手仕事を大切にする文化も生まれ、その精神は現在まで引き継がれてきました。ブームが生まれる以前から郊外にはナイキの本社もあり、新しいものづくりの文化を先導してきたのです。

つまり、ポートランドという街にとって「心地がよい」ライフスタイルを実践することは、もともと「本質的な文化」としてあったのです。

ただひとつ違うのは、そこで生まれたムーブメントが一部の地域に限定されたものではなく、グローバルに広がっていったことです。それは各国へのソーシャルメディアの普及と、ほぼ時期が重なっています。

ソーシャルメディアが人々の価値基準を「外見から中身へ」と変えてしまった結果、長年にわたってコンフォートな暮らしを続けてきたポートランドの人々のライフスタイルが、新鮮な驚きを持って受け止められた。そして、「自分もあんな生活がしたい！」と憧れられるようになったわけです。

いわば、『ＫＩＮＦＯＬＫ』に代表される「心地がよいライフスタイルを追求するカルチャー」は、ソーシャルメディア以降の「中身化」された社会における、「新しいラグジュアリー」でもあるのです。

フェラーリより自転車を選んだＩＴ長者たち

もうひとつ、世界的な価値観の変化を象徴する出来事があります。それは若い世代のライフスタイルに関するものです。

アメリカ国内でも有数の富裕層が集まるシリコンバレーでは、かつてのフェラーリやゴルフに代わり、自転車やアウトドアスポーツが大流行している――。フェイスブックが翌日にＩＰＯ（新規株式公開）を控えた２０１２年5月17日、ニューヨーク・タイムズはそんなシリコンバレーの変化を伝える記事を掲載しました。⇓04 これは運動不足だったＩＴエンジニアたちが健康志向に変わりつつあるという意味とは、ちょっと違います。

シリコンバレーに新たな億万長者たちが生まれる前日、フェイスブックの本社では豪勢なパーティーが行われた……と言いたいところですが、同記事が伝えるところによると、彼らはシャンパンで成功を祝うわけではなく、社内で「ハッカソン」というエンジニア育成イベントを開催していたそうです。その様子は「ドン・ペリニヨンより、レッドブルが似合いそうな雰囲気だった」とニューヨーク・タイムズは伝えています。

このイベント自体はフェイスブックでは恒例のものでしたが、ＩＰＯ前日にあえて実施した点に、ＣＥＯにして創業者である、マーク・ザッカーバーグの経営哲学が見て取れます。彼はこう語っています。

「簡単なことです。僕らはお金を稼ぐためにサービスを作っているわけではありません。もっとより良いサービスを提供するために働いています」「急にお

金を儲けたからといってランボルギーニでオフィスに乗り付けるような生活は、クールだとは思えません」⇓05

ここでザッカーバーグが言う「クール」を「本質的」と読み替えれば、ニューヨーク・タイムズがフェイスブックのＩＰＯに合わせて同記事を掲載した意味がはっきりしてきます。

つまり、記事が伝えようとしたのは、「ザッカーバーグに代表される新たな世代のシリコンバレーの人々のライフスタイルが、根本的に変化しつつある」ということです。それは高級車を乗り回すことよりも、自転車で颯爽と出勤し、レッドブルを飲みながらより良いサービスを作ることこそが「クール」であり、ＩＴ企業の人間として「本質的」だと考える価値観にもとづいています。

ザッカーバーグは世界でも有数の資産家であるにもかかわらず、質素な生活ぶりでも有名です。服装はいつもパーカーかグレーのＴシャツにジーンズで、それがもはやトレードマークとして認識されるほど。彼はそのライフスタイルについて、アメリカのテレビ番組「チャーリー・ローズ・ショー」に出演した際、こう説明しています。

「僕は自宅では愛犬とガールフレンドと一緒に過ごすことがほとんどで、家具も必要以上には置いていません。それは僕たちが世界中の人にサービスを届けたいと思っているからで、そのためには、人々から孤立するようなことをしてはならないのです。フェイスブックという会社の文化はとてもオープンで、社員同士だけでなく、僕と社員も親しく付き合っています。会社のフロアも開かれています。個人用のスペースはなく、広いフロアにみんなが机を並べています。人と会うための会議室はありますが、ガラス張りになっていて、誰もがそこで何が話し合われているか見ることができます。（中略）僕は会社の理念を体現していきたいと思っています。だから人生における仕事以外のすべては、できるだけシンプルにしていきたいのです」⇓06

フェイスブックが世界を席巻する8年前、２００４年にグーグルがＩＰＯを行った際のシリコンバレーの価値観はもっと「バブル」なものでした。それはグーグル幹部がＩＰＯ直前にわざわざストック・オプションを持つ社員たちを集め、「いらぬ反感を買うから、急に派手な買い物をしないように」と忠告したほどでした。

しかし、それにもかかわらず高級車でオフィスに乗り付ける社員は続出し、同社のトップ３も合計で８台のプライベートジェットを購入。しかも、ＮＡＳＡが所有する飛行場に保管し、その事実がスキャンダルのように大々的に報道されたのです。

くしくも、グーグルのＩＰＯはザッカーバーグがハーバード大学の学生寮でフェイスブックを立ち上げたのと同じ年の出来事でした。それからわずか８年で、シリコンバレーの富裕層たちのライフスタイルは大きく変わったようです。

今の若者は「ケチ」ではなく「本物」が欲しいだけ

果たして、本質的な生き方を求める姿勢がフェイスブックのようなサービスを生み出したのか。フェイスブックを立ち上げる過程で本質的な生き方に価値を見出すようになったのか。この「ニワトリが先か、タマゴが先か」ともいうべき議論の答えはわかりません。

ただ、ザッカーバーグたちの世代には、彼らが好むライフスタイルに共通点が見られることがわかってきています。

アメリカでは1980年頃から2000年代初頭に生まれた世代が「ミレニアルズ（Millennials）」と呼ばれており、1984年生まれのザッカーバーグもこれに該当します。思春期からインターネットに触れ、その成長をともにしてきた世代でもある彼らは、就職をしたり、大学に入学したりする時期にリーマン・ショックのあおりを受け、深刻な不況も経験してきました。そのため、上の世代と異なる消費意識を持つといわれます。

彼らの台頭は、アメリカの消費文化に変革を迫っています。国内の総人口の約3割を占めるとされるミレニアルズが、10年後には消費の主役になるからです。しかし、ミレニアルズはこれまでの世代とは異なるライフスタイルを好むため、企業は苦戦を強いられています。

幼少からネットやソーシャルメディアに親しみ、ヘルシーな食事や旅行にはお金を使うけど、家や車を持つことに関心がない――。米国で約8600

万人いる新世代の台頭に、最初に打撃を受けたのはファストフード業界だ。「健康によくないハンバーガーは絶対食べない」。ニューヨーク市のウェンディー・リューさん（23）はきっぱり言う。米マクドナルドの米国での既存店売上高は、14年は前年より2・1％減と2年続けてのマイナス。米コカ・コーラも主力の炭酸飲料が売れず、14年の通期決算は純利益が17％減った。

実際の店舗が中心の小売りも苦しむ。2月、米家電量販2位ラジオシャックが経営破綻した。専門知識がある店員による接客が持ち味だったが、家電製品のネット購入が広がり、若者が店に来なくなった。「ラジオシャックの破綻はミレニアルズの影響力の大きさを象徴した」（米調査会社）とみられている。

カジュアル衣料品アバクロンビー＆フィッチは、大きな「アバクロ」のロゴ入りの服が人気を集めたが、いまの20代はロゴ入り服を敬遠した。昨年12月、経営トップが事実上解任され、かつての超人気ブランドが一転ピンチに陥った。

（中略）

ボストンカレッジのステバン・アダム・ブラゼル准教授は「ミレニアルズは商品の評判について、ソーシャルメディアを通じ世の中や企業に発信する最初

の世代。独自の消費スタイルを生み出すので、存在感は増すばかりだ」と話す。⇓07

よく「若者は消費意欲が薄い」などと評されますが、ミレニアルズは不況を経験したからといって、いわゆる「ケチ」なのではありません。同記事ではニューヨーク在住の20代の若者たちに取材し、

「衣類は少しぐらい高くても『欲しい』と思ったものを買い、長く着る」「レストランはチェーン店より、地場の素材を使う地元の店によく行く。買い物は『環境に配慮しているか』をひとつの基準にしている」⇓08

といった発言も引き出しています。

つまり、彼らにアピールするためには、彼らがお金を出してもいいと思えるような「本質的な価値」を訴える必要があるのです。そうすれば少しぐらい高くても、そのブランドのファンになってくれます。反対に、「どこにでもある」「本物でない」

と見なされてしまうと、まったく振り向いてくれません。

しかもブランドの評判は、広告から得ているわけではありません。ソーシャルメディアでつながった友人たちのコミュニティから得て、しかもネット上で購入する機会も増えています。アメリカの家電量販で2位だったラジオシャックが「専門知識がある店員による接客が持ち味」だったにもかかわらず破綻したことにも、「企業（店員）の言葉」よりも「友人の口コミ」を重視していることが表れています。そのため、ブランド側は彼らの好みを分析し、ミレニアルズのコミュニティに寄り添ったかたちでPRを行っていかなければ、視界にすら入ってこないのです。

私はザッカーバーグと同い年であり、ミレニアルズに該当する世代です。だから、アメリカの若者たちが語っていることには共感できるところがあります。これは私見になりますが、彼らはブランド品をすべて一方的に嫌っているわけではないと思います。ただ、お金を使うのに「理由が欲しい」と考えているだけなのです。「地場の素材を使う地元の店によく行く」という発言も、単に環境に対する意識が高いと解釈するのではなく、「せっかくお金を使うのだから、自分が好きなブランドを応援したい」という意識の表れと捉えるべきです。

例えば、日本のオタクカルチャーについて考えてみてください。「今の若者は所有欲がない」「消費に対する意欲が薄い」などと言われますが、コミックマーケット（コミケ）やフィギュアの展示会は来場者が増える一方です。しかも、そこで彼らはけっこうな金額を使っているわけです。オタクカルチャーでなくとも、今の若者たちは「自分の好きなもの」であれば、意外に気前よくお金を払う傾向があります。

博報堂生活総合研究所による２０１０年のレポート「若者の消費特性と価値観」では、「値段が高くても、気に入れば買ってしまうほうだ」と答えた人の割合が、20代男女で53・2％とミドル層やシニア層よりも高い水準を示したことが明らかになっています。バブルを経験したミドル層の男性ですら、実は40・７％しか該当していなかったのです。⇓09

こうしたデータからも、ミレニアルズは「ケチ」なのではなく、「自分の好きなブランドであれば、気前よくお金を払ってもいい」という意識を持っていることがわかると思います。

もし企業から見て、彼らがあまり消費に熱心でないように感じるとしたら、彼らの購買の判断が「広告」ではなく、「ソーシャルメディアの評判」に左右されてしまっているからです。企業の「売ろうとして売る」トップダウンの意志が強すぎると、フラットに彼らと付き合うことができなくなります。そうすると、企業はミレニアルズのコミュニティの内側に入り込むことはできず、当然、「応援してもいい」と思えるブランドと認めてはもらえません。

こうしたミレニアルズの消費意識の変化を理解すると、ザッカーバーグの「急にお金を儲けたからといってランボルギーニでオフィスに乗り付けるような生活は、クールだとは思えません」という発言の意味が、より明快になってきます。

要するに、ランボルギーニを乗り回すことは、ザッカーバーグの「より良いWEBサービスを作るための生活」にとって本質的ではないため、購入する「理由がない」ということを表しています。それでも購入するとしたら、それは「見栄」でしかなく、従って「クールではない」ことになるのです。

そして、こういうザッカーバーグのライフスタイルは、同世代の若者たちから多大な共感を集めています。

炎上するのは企業による「一方的な押し付け」

ここまで見てきたのは、ソーシャルメディアの普及によってコンフォートなカルチャーが「新しいラグジュアリー」になり、次代の社会を担う若者たちの意識も「見栄を張らないことが良い」とする価値観の変化でした。そこでブランド側に求められるのは、一方的に「売ろうとして売る」ことではなく、彼らの価値観に寄り添った提案をすることでしょう。

本章のタイトルである「なぜメルセデスはエンジン工場をネット公開したのか」に対する答えは、ここに来てようやく理解されます。

それは「ネットでバズる（話題になる）から」といった軽いものではありません。「本質的なもの」を評価する新しい消費者に向けて、AMGは「自分たちは『本物』である」と自ら声を上げる必要があったのです。YouTubeで公開したのは、そのメッセージを広く届けるために最適なツールだったからにすぎません。

実際にメルセデス・ベンツの日本法人では2014年秋から、ずっと非公開だった豊橋の整備工場を一般に公開する「見学ツアー」も行っています。同社日本法人社長の上野《うえの》金太郎《きんたろう》氏は、著書の中でその理由をこう明かしています。

> （前略）ブランドストーリーや安全性についてメルセデスの考えをお話しし、近づいてもわからないくらいの傷までチェックして直すという、一連の丹念な作業を見ていただく、それでまた新たなファンづくりができますし、いずれ観光スポットのひとつになれば、豊橋市に恩返しもできるでしょう。
>
> 大手旅行会社に呼びかけ、新車整備工場を見て、ホテルのランチビュッフェを楽しんで、豊橋名物のちくわづくりを体験してもらうバスツアーも企画しました。ちょっとした工夫で、ぐっと前に乗り出す人たちを、少しでも増やしていけます。⇓10

真に注目すべきなのは、ネット上でコミュニケーションをしたことではなく、これまで「高嶺の花」といったイメージを持たれていたラグジュアリーブランドが、広告に頼るわけでもなく、自分で自分の存在証明を行っているという事実にあるのです。

ラグジュアリーブランドに限らず、すべてのブランドビジネスには、あるジレンマがあります。それは多くの人が「良い」と認めてくれないと、ブランドとして認知されないということです。

何を当たり前な、と思うかもしれません。しかしこれは、ブランドには必ず「企業がコントロールできない」部分があるということを示しています。流通科学大学学長の石井淳蔵《いしいじゅんぞう》氏は著書『ブランド 価値の創造』のなかで、1985年のアメリカで起こった有名な「ニューコーク騒動」を紹介しています。

ニューコークとは、当時のコカ・コーラ社が従来の「コカ・コーラ」に代わるべく新たに開発した炭酸飲料でした。看板商品のリニューアルをするために、コカ・コーラ社はかなり念を入れたリサーチを行い、味覚テストを受けた人の数は約19万人にも及びました。その調査により、従来の「コカ・コーラ」よりニューコークのほうが「おいしい」ことが証明され、ついに市場に投入されたわけです。同社の経営陣たちは、みんなニューコークの成功を確信していました。

しかし、その予想は大きく外れます。

発売から1週間もたたないうちにコカ・コーラ社には「コカ・コーラを返せ」と

いう毎日1000件を超える抗議の電話が届き、メディアも「コカ・コーラの失敗」と非難しました。発売から3カ月を経ても声は止むことはなく、電話の数はついに1日8000件を超え、さらに抗議の手紙も累計で4万通以上が届いたそうです。ソーシャルメディアがなかった時代にもかかわらず、これだけの「炎上」騒動を巻き起こしてしまったのです。

経営陣の胸中は複雑だったはずです。ニューヨークは慎重な味覚テストにより、「従来のコカ・コーラよりおいしい」と評価された商品です。だからこそ自信を持って市場に送り出した。それにもかかわらず、人々から支持されないどころか、炎上までしてしまいました。

その理由について、石井氏は次のように分析しています。

この事件は、二つの点で、印象的である。

第一に、そうした熱烈なファンをもつ「コカ・コーラ」ブランドは、コカ・コーラ社にとって重要な財産であるが、コカ・コーラ社の財産であって、コカ・コーラ社の財産ではないという性格をもっていたということである。その財産は、消費者の心の中にある財産なのである。経営陣が「消費者にもよかれ」と思って発売したすぐれた品質の「ニューコーク」は、思いもよらず、「それは私のコカ・コーラではない」と当の消費者によって拒否されたのだ。ブランドの中身は、企業が自分の勝手に変更できるものではない。ブランドは企業の財産だといっても、企業の意のままにはならない財産なのだ。

　第二に、ブランド価値の存在である。なくなるとわかってはじめて失うものの価値がわかる。それがなくなれば、自分の生活や歴史や人生の意味さえも失われる。その空隙を埋めることができるそれに代わりうるものは何もない。コカ・コーラ社自身が用意した「ニューコーク」は味では上まわったとしても、それでも代わりにはならない。ライバル商品の「ペプシコーラ」では、もちろん代わりにはならない。他に何も代わりのないブランド、これこそが根源的なブランドの価値なのだろう。⇓11

　ブランドが人々の「心の中にある財産」なのであれば、企業は常に、ブランドが消費者の心の中に存在し続けるように働きかけていかなければなりません。しかもそのやり方は、企業による一方的な押し付けではなく、ファンのコミュニティに受け入れられるやり方でなければならない。そうでないと、「私たちの好きだったブランドを返せ！」と非難の嵐に襲われてしまいます。そのブランドを作ったのは、ほかならぬその企業であるにもかかわらず、です。「ニューコーク騒動」は、そんなことを示唆しています。

ブランド最大の戦略は「正直」であること

では、現代の企業はどうすべきなのか。より「本質なもの」を評価する現代の消費者と向き合うためには、２つの要素が考えられます。

スマートフォンとソーシャルメディアを手にし、いつでも、どこでもネット上のコミュニティにアクセスできるようになった人々は、ますます自分たちのコミュニティにだけ集って情報を交換し合い、その外側にはなかなか目を向けてくれません。だからまず、企業はそのコミュニティに入り込むかたちでコミュニケーションをしていくことが欠かせません。ソーシャルメディアに企業の動画を投稿したり、フェイスブックで日々コミュニケーションをとることが、そのひとつの手段です。人々が集まっている場所に、企業の側から出向いていくわけです。しかし、そこで主導権を握っているのは消費者であることを忘れてはなりません。

メッセージアプリのＬＩＮＥのスタンプが企業の宣伝方法として注目されている理由も、こんなところにあります。商品の機能や値段を謳う広告ではなく、「普段の会話をちょっと楽しくするスタンプ」というかたちをとれば、すでに人々が交わしているソーシャルメディア上のコミュニケーションに、企業が自然に参加できるからです。

実際、ラグジュアリーブランドでもスタンプを期間限定で提供した企業がありました。バーバリーはＬＩＮＥにブランドページを作るだけでなく、積極的なコラボによりオリジナルのスタンプも発行していました。バーバリーのＬＩＮＥアカウントを友だち登録すれば、ブランドの象徴である「チェック柄」をあしらったスタンプがもらえ、それを友人に送ることができるわけです。コミュニティの内側に入り込んだプロモーションの好例といえるでしょう。

もう一点は、今の消費者とコミュニケーションをしていくうえでは、自分たちにお金を払ってもらう理由を、自ら証明する必要があるということです。

このまま「見栄を張るライフスタイルはクールじゃない」という価値観が広まっていくと、特にラグジュアリーブランドのような企業は不利になります。従来のラグジュアリーブランドのイメージは、「エクスクルーシブ」であり、「高嶺の花」であり、つまり「偉そう」と見られる危険と表裏一体です。重厚な扉の前にドアマンが立ちはだかり、人を寄せ付けない高級ホテルのイメージなのです。

では、単純にカジュアルダウンして、「手が届くブランド」にすればいいのか?

しかしそれも一歩間違えれば、ブランドのアイデンティティを壊してしまうことになりかねません。ニューコーク騒動のようにファンから、「これは私の好きだったブランドじゃない!」と非難されるリスクがあるのです。

これは企業にとってかなりの難題に思えます。

しかし、私の答えはシンプルです。

新しい消費者の価値観に寄り添ったまま、自分たちのブランド・アイデンティティを保ち、しかも自ら語りかけていく。そのための方法は、結局のところ、「正直」

であることに尽きると思います。

「誰が言うか」よりも「何を言うか」が問われるソーシャルメディアでは、「評判」が最大の価値になります。そして、その「評判」を支えるのは、「嘘をつかない」コミュニケーションの積み重ねにほかなりません。

下心があって、自分に都合の良い情報だけを出したり、人をダマしたりしたら、ネットは世界中の人の監視下にあるので、いつか暴かれる可能性があります。最初はうまくダマせても、発言や行動の記録は残り続けます。すると、何かのきっかけで検証されてしまうことがあるのです。実際にソーシャルメディアが普及してから、嘘が暴かれ、大きな騒動になる人や企業を、私たちは何度も見てきました。

反対に「評判」を上げるのは、企業の行動に説得力があり、それが「本物」であると確認されたときです。

ＡＭＧがエンジン工場を公開した際には、多くの人が「本当に手作りだった！」と驚きました。ボッテガ・ヴェネタやヴァンクリが職人技を「学校」を通じて開放したことは、かえって高級ブランドが持つ技術力の確かさを証明することにもなりました。

私たちはその「事実」を賞賛し、「これならば高いお金を払ってもいい」と納得します。「本物の高級品」を自負するラグジュアリーブランドだからこそ、ものづくりの裏側を「ありのままに」公開したことで、ブランドの価値が損なわれることなく、かえって評判を上げることにつながったのです。

あるいは、ビジネスモデルそのものを「正直」にしてしまう戦略もあります。元ヒューゴ ボスのアートディレクター、ブルーノ・ピータースのファッションブランド「Honest by.」は、複雑な商品供給プロセスをすべてネット上に公開したことで話題になりました。私たちはブランドのサイトで素材の調達先から原価まで知ることができ、例えば、原価69・14ユーロ（約９１３０円）のチュニックの販売価格が２２５・87ユーロ（約2万９８００円）であり、差額はブランドが生み出した付加価値であると明記されています。

ブルーノ・ピータースはＡＦＰ通信の取材に対して、そんなブランドを立ち上げた理由をこう語っています。

Honest by.のサイトでシャツやスーツなどのアイテムをクリックすると、素材をどこから調達したか、どこで縫製されたか、原価はいくらかなど、項目別に記された詳細なリストが現れる。顧客が「素材の調達先や洋服がどこで、いくらで作られたのかを確かめることができるようにした」とピーター氏は話す。（中略）ピーター氏は「中国で製造してメイド・イン・フランスのラベルを付けるというやり方はもう通用しない」と述べ、「近いうちに透明性が高級ビジネスにとって不可欠になる。対価を払う唯一の理由は品質とノウハウだから」と加えた。⇓12

これも「正直」であることを武器に、高い価格を納得してもらうための方法といえます。これは決して高級品ビジネスだけでなく、モノを売るあらゆる企業やブランドに応用できる考え方です。

「買う理由があるブランドにお金を払いたい」というミレニアルズの要求の裏には、「これまでの企業は『本当のこと』を語っていないのでは？」という疑惑の目があります。コンフォートなライフスタイルに憧れる人たちには、「見栄を張るより、等身大の生活を送ったほうが本質的だ」という思いがあります。

そんな彼らにとって「ほかに何も代わりのないブランド」となるためにますます必要なものは、着飾ることでも、自分たちの世界に閉じこもることでもありません。自ら商品やサービスにかける思いを「正直」に語り、自分たちもまた「本質的なブランド」なのだと証明することなのです。

Chapter 1
Summary・まとめ

- 人も企業も、検索結果で評価される時代
- 「見栄を張る消費」が嫌われるようになった
- 「正直でいること」こそ評判を得るための最善の方法
- 都合の悪いときだけ発信する企業は信用されない
- 共感を呼ぶのは商品の背景や物語を熱心に語る姿勢

フェイスブックのザッカーバーグは世界有数の資産家となってもラフな服装を続け、アメリカにおける若者たちの新しい価値観の象徴となった

Annotation・注釈

01 Mercedes-AMG「AMG Virtual Tour」https://www.youtube.com/watch ? v=ZlzuBPDgzJ8

02 ハフィントンポスト「ケイト・ウィンスレットとスカーレット・ヨハンソンが「すっぴん」を公開した理由」http://www.huffingtonpost.jp/2015/09/05/kate-winslet-scarlett-joh_n_8092714.html ? ncid=fcbklnkushpmg00000063　記事ではほかにも多数の女優やモデルがソーシャルメディアを通じて公開した「すっぴん」画像を掲載している。

03 同記事に掲載されたスカーレット・ヨハンソンのフェイスブックのコメント

04 New York Times「Preferred Style: Don' t Flaunt It in Silicon Valley」http://www.nytimes.com/2012/05/18/technology/a-start-up-is-gold-for-facebooks-new-millionaires.html

05 同記事よりザッカーバーグのコメント

06 TechCrunch「Zuckerberg Talks To Charlie Rose About Steve Jobs, IPOs, And Google's "Little Version Of Facebook"」http://techcrunch.com/2011/11/07/zuckerberg-talks-to-charlie-rose-about-war-ipos-and-googles-little-version-of-facebook/

07 朝日新聞デジタル「新世代「ミレニアルズ」　米国の消費スタイルを変えるか」http://digital.asahi.com/articles/ASH450PG0H44UHBI01J.html

08 同記事にはほかにも、「ほとんどの買い物をネットで済ませる。実際の店舗には行かない。オーガニック食品が好き」「食事は安ければいいというわけでなく、よりヘルシーな飲食店に行く。企業に『社会性』があるかも見極めている」といった声が紹介されている。

09 博報堂生活総合研究所・テーマ別分析レポート「若者の消費特性と価値観～買わない若者の背景を考える～」

10 上野金太郎『なぜ、メルセデス・ベンツは選ばれるのか？』P204

11 石井淳蔵『ブランド 価値の創造』P85 ～ 89

12 AFPBB News「産地から原価まで公開、ベルギー人デザイナー高級ブランド」http://www.afpbb.com/articles/-/3000606

Chapter 2

デジタルネイティブ世代をのめりこませるには

上／バーバリーは2014年春夏コレクションでiPhone5sを14台使ってライブ配信。ファッション系以外のメディアにもニュースとして取り上げられた
下／バーバリーのロンドン店でコラボイベントが行われた際には、ラグジュアリーブランドでは珍しく店頭に「Google」と他社のロゴが掲げられた

ここからはソーシャルメディア時代のブランドのあり方について、「デジタル戦略」という側面から見ていきたいと思います。ソーシャルメディアのコミュニティに集い、その中で交わされる「口コミ」を「広告」よりも重視する現代の生活者にアプローチするためには、ブランド側もソーシャルメディアのコミュニティに届くように、自らデジタルの領域に乗り出していく必要があるからです。

特にこれからの時代は、インターネットの普及とともに成長し、何かを買うときには見知らぬ人の口コミを参照することが当たり前になった「ミレニアルズ」（52ページ参照）、そして、生まれたときからPCがあり、インターネットのない世界を生きたことがない「デジタルネイティブ世代」⇓01が、消費の主役になっていきます。彼らにアプローチするために必要なデジタル戦略を考えることは、現代のブランディングにおいてますます欠かすことのできない要素となっていくのです。

ここ数年、そうしたデジタル戦略によって劇的な変化を遂げ、ミレニアルズやデジタルネイティブ世代を「のめりこませる」ことに成功したラグジュアリーブランドがあります。１８５６年創業のイギリスの老舗ブランド「バーバリー」です。

1200万通りのトレンチコートをネット上に用意しました

ラグジュアリーブランドには、必ずブランドを象徴する代表的な商品があります。ルイ・ヴィトンのトランク、エルメスのバーキンやケリーバッグ、カルティエのトリニティリングなど、それはブランドのアイデンティティと密接に結びついた神聖なものであるために、各ブランドは商品の隅々に至るまで、非常に細かい配慮のもとにデザインを選び抜いています。

しかし、もしそうした商品がネット上で自由にカスタマイズできるとしたら？

バーバリーのデジタル戦略の徹底ぶりは、そんなラグジュアリーブランドの常識を覆す試みによく表れています。

2011年11月、バーバリーはブランドの象徴ともいえるトレンチコートのカスタムメードオーダーを「バーバリー・ビスポーク」としてスタートしました。「ビスポーク＝客の要望に応じたフルオーダー」という言葉の通り、これは色や形といったコートの基本デザインから、ボタン、カフス、ベルト、ファーの有無までネット上で選び、注文することができるサービスです。その種類は膨大で、約1200

万通りにも及びました。

価格帯も幅広く、25万円からスタートし、100万円以上もする超高級な組み合わせのコートまで、さまざまなパターンを用意しています。もちろん、商品の自分好みなカスタマイズは日本を含む全世界からオーダーが可能です。従来であれば実際に店頭に行き、ブランドのエキスパートである店員と相談しながら決めなければできなかったことが、ネット上で完結するようになったのです。

今ではラグジュアリーブランドがソーシャルメディアにアカウントを持ったり、YouTubeに動画を投稿したりするようなことは当たり前になっています。しかしそれでも、ブランドのアイデンティティといえる商品にまでデジタル対応のメスを入れたのは、バーバリーくらいのものです。

しかもバーバリーが行った驚きのデジタル戦略は、トレンチコートのオンライン・カスタムメードだけではありません。

ラグジュアリーブランドが「ファッションショーをネット上で生中継し、これまでクローズドだった世界を一般ユーザーにも開放する」というかたちで本格的にデジタル対応を始めた2010年、バーバリーはショーのネット中継とeコマースの連結に取り組んでいました。

ハイモードファッションの世界では通常、ショーで発表されたコレクションが店頭に並ぶのは約半年後とされています（春夏アイテムなら前年10月に発表され、3月頃から店頭に並び始める）。ところが、アマゾンに代表される「ワンクリック注文・即日配送」に慣れてしまった今どきの消費者にしてみれば、たとえショーの発表直後に「欲しい！」と思って予約できたとしても、実際の配送まで半年も待っていられないよ、という感覚が一般的でしょう。

そこでバーバリーは２０１０年から、生中継の終了と同時に、モデルたちが身に着けていた新商品のオンライン予約を、「Runway Made to Order」として実施しました。しかもそれだけでなく、予約から7週間ほどで世界中の注文者の手元に届くように、すべての供給ラインを見直したのです。これは当時、ファッション業界の常識を知る人々から革命的な出来事として受け止められました。

ショーの終了と同時に予約注文を受け付け、わずか7週間で生産し、顧客の手元に届ける。これはつまり、新商品の反応がわからないうちから、大量の在庫を用意しておくということを意味します。ショーの評判が悪ければ注文は入らず、それは丸ごと不良在庫として自社の倉庫に残ってしまいます。ひとつの商品ごとの値段が非常に高価なラグジュアリーブランドにとって、これはあまりにもリスクが大きい対応であり、だからこそほかのブランドは踏み切れなかったのです。

それでもバーバリーが踏み切ったのは、デジタル戦略を進めるうえで、即日配送をeコマースの「常識」だと考える消費者の声と、真正面から向き合うことが避けられなかったからです。

ファッションショーの生中継に限らず、ネットで行われる企業のプロモーションでは、ほとんどの場合、ソーシャルメディアにおける口コミの拡散が期待されています。例えばラグジュアリーブランドのショーでは、人々は生中継をオンラインで見ながら、ソーシャルメディアに「今のコートは欲しい！」「このバッグはかわいい」などのコメントを大量に書き込みます。もちろんそこには悪評も含まれますが、かなりの数の人が購買意欲を刺激されているのは間違いありません。

しかし、そうしてせっかくネット上にファッションショーを開放し、感想をソーシャルメディアで拡散してもらっても、「実際にその商品を購入できるのは半年後」とわかれば、その熱は冷めてしまい、現実の購買には結びつきにくいまま終わってしまいます。

欲しいと思ったときに購入できない――。たったそれだけのことが、アマゾンに代表される「ワンクリック・即日配送」に慣れた今どきの消費者にとっては、致命的なことに感じられてしまうのです。

一方、ファッションショーで見たばかりの新商品がすぐに予約でき、しかも店舗で購入するよりもはるかに早く手に入るとわかればどうでしょう。

そうすればeコマースには「手軽に注文できる」というだけでない、「特別感」が加わることになります。即日配送とはいきませんが、思わず商品の購入を検討してしまう十分なインセンティブになるのです。だから「Runway Made to Order」は、バーバリーがデジタル戦略に本気で乗り出していくうえでは、リスクを冒してでも欠かすことのできない取り組みでした。

事実、この挑戦はほかのラグジュアリーブランドにも影響を与えています。ルイ・ヴィトンの2014―2015年秋冬コレクションでは、ショーの終了直後から新作バッグを含む一部商品のオンライン予約を受け付けました。これはルイ・ヴィトン初めての試みであり、このような対応を行うラグジュアリーブランドは、現在も増え続けています。

ラグジュアリーブランドのコレクションでは今やショーのライブ中継が当たり前になったように、eコマースでも、消費者の基準に合わせていくことが一般的になっているのです。

バーバリー再生のターゲットは「デジタル好きな若者」

長い間、ラグジュアリーブランドのような高級品は、eコマースと相性が悪いと言われてきました。それはネットのショッピングがあまりにも手軽で、誰にでもできてしまうため、高級時計をデパートで買うときに提供されるような「特別感」が失われてしまう恐れがあるからです。

従って、ファッションショーを開放し、ソーシャルメディアの口コミを促しても、高級品の購入に見合うような「特別感」もオンライン上で演出しなければ、eコマースの売り上げにはなかなかつながっていきません。ブランドの世界を単純にオンラインへと開放するだけでは不十分なのです。つまり、ネット上の匿名の人々を相手にしながら、どうやって「これはあなたのための特別なサービスですよ」というメッセージを伝えていくのか、それが問題になります。

そんなデジタルにおける特別感の演出の仕方を考えたうえでの答えのひとつが、「店舗よりもネット注文のほうが早く手元に届く」サービスであり、「トレンチコートのカスタムメードオーダー」だったのだといえます。WEBプロモーションはリアル店舗に誘導するための「おまけ」ではなく、ネットで誘発された購買意欲をちゃんとネット上で完結させ、しかも高級品に見合う特別感も提供する。バーバリーはそんな難問に挑んだのです。

この徹底したデジタル戦略を先導したのは、2006年にCEOに就任したアメリカ人女性、アンジェラ・アーレンツ ⇓02 です。彼女の就任当時、創業から150年を経ていたバーバリーは、「歴史はあるが、最新のトレンドとはいえない、古くさいブランド」というイメージを持たれ、売り上げも低迷した状況にありました。

アーレンツはその逆境を乗り越えるために、ツイッターやフェイスブック、YouTubeなどのデジタルチャネルをブランドのプロモーション全体に活用する方針を推し進めました。さらに情報発信だけでなく、「Runway Made to Order」のように、商品供給のプロセスでもデジタル対応を最優先させていきました。

そのような大胆な方針の見直しを行ったのは、ほかのラグジュアリーブランドが狙っていない、ミレニアルズやデジタルネイティブ世代を、ブランドの新たなターゲットにするためだったとアーレンツは説明しています。

「わたしが就任した当時、誰もわたしたちに注目していませんでした。会社は順調とは言えませんでしたし、わたしたちが戦う相手は、巨大なコングロマリットでした。言ってみればわたしたちは勝ち目の見えない『負け組』だったわけです」

CEOに就任した2006年の社の状況を、アンジェラ・アーレンツは『Forbes』が行ったヴィデオインタヴューのなかで語っている。

「そこで、こう考えたのです。彼ら『勝ち組』にはない何かで勝負しようと。わたしたちは英国のブランドです。『英国的』であることに関してはほかのブランドに負けません。ですから、ショーなどで使われる音楽、モデルの選定を含め、英国的であることにこだわることにしました」

（中略）

「そして、もうひとつ。ほかのラグジュアリーブランドは、１９９０年代以降生まれの世代をターゲットとして設定することはしていませんでした。ならば、そこを狙おうと考えたのです」⇓03

徹底したデジタル戦略は、この「１９９０年代以降生まれの世代（＝ミレニアルズ、デジタルネイティブ世代）」にアプローチするために欠かせないものでした。しかもそれは、中国のような「新しいブランド」を強く求めている新興市場を狙う意味でも効果的だったのです。こうしてバーバリーは老舗ブランドであるにもかかわらず、若者世代や新興市場への需要拡大に、ラグジュアリーブランドの中でいち早く成功しました。

その結果、現在のバーバリーは海外のメディアから、アップルやグーグルといったシリコンバレーのＩＴ企業と並んで比較されるほど、先進的なブランドと見なされています。米ビジネス誌『ファスト・カンパニー』が発表した「もっともイノベ

イティブな企業ランキング２０１３」では、リテール部門でナイキに次ぐ2位にランクインする快挙を遂げているほどです。⇓04

それは業績にも反映され、アーレンツが在籍した7年間（２００6年〜２０１３年）で、バーバリーの市場価値は33億５００万ドルから１１１億８０００万ドルと3倍以上に増加しました。その手腕はファッション業界のみならず、ＩＴ業界からも高い評価を受け、２０１４年には米アップル社に移籍。リテール部門を担当する上級副社長を務めています。

「ブルームバーグ」の報道によると、その年俸は８２６０万ドル（約99億円）であり、女性経営幹部としては史上最高額といわれています。⇓05 ファッションとデジタルを結びつけた彼女の功績は、それだけ革命的なことだったのです。

ネット上のコミュニティに企業が自ら出向いていこう

デザイナーのクリストファー・ベイリーがＣＥＯを兼任するようになった現在も、バーバリーのデジタル戦略は前進を続けています。

２０１４―２０１５年の秋冬コレクションからは、中国で6億人以上が利用しているメッセージアプリ「WeChat（微信）」でのプロモーションを行っています。WeChat上のバーバリー公式アカウントをフォローすることで、ユーザーにはオンラインファッションショーへの招待状が届きます。すると、ショーの開催時間になると、ユーザーはアプリからショーの生中継が観られるだけでなく、さまざまな限定コンテンツに触れることができるようになっているのです。

また、２０１５年からは日本のメッセージアプリ「ＬＩＮＥ」との提携も行っています。実際に登録してみると、ショーの開始数時間前からスマートフォンにメッセージが届き、ブランドの物語や新商品のコンセプトを解説しながらカウントダウンが行われます。そうすることで手元の小さな画面の中でも、会場でショーの始まりを待っているかのような期待感をうまく演出しているのです。期間限定ながらもＬＩＮＥのトレードマークである「スタンプ」とのコラボも行い、ユーザーがブランドの象徴である「チェック柄」をあしらったスタンプをほかのユーザーに送ることもできました。

さらに同年、バーバリーは始まったばかりの音楽ストリーミングサービス「Ap

ple Music」内に、ファッションブランドとしてどこよりも早く公式チャンネルを開設しました。その目的は、バーバリーのショーで使われる音楽を紹介したり、新たなメディア上でコレクションの映像配信を行ったりするためだけではありません。

もともとバーバリーは、音楽を若者世代にアプローチするための重要な接点として活用してきました。2010年から公式サイトやYouTube上に「Burberry Acoustic」と呼ぶ音楽プログラムを開設し、クリストファー・ベイリーが選曲したイギリスの若手アーティストの音楽を紹介してきたのです。Apple Musicでのチャンネル開設もこの延長線上にあり、「バーバリーは同チャンネルから収益を得ることなく、主にマーケティングツールとして運用する」と宣言しています。⇓06 これはイギリスの若手アーティストの支援だけでなく、音楽を愛する人々のコミュニティに寄り添うことで、ブランドのメッセージを効果的に届けようとする試みでもあります。

こうしたプロモーション事例を見ていくと、バーバリーのデジタル戦略には一貫した方針のあることがわかってきます。

スマートフォンで音楽を聴く人々にアプローチしたければ、そういう趣味嗜好の人々が集まりそうな場所に自ら出向いていく（YouTube、Apple Music）、若者世代にアプローチしたければ、彼らが日々のコミュニケーションを行っている場所に自ら出向いていく（WeChat、LINE）、アマゾンに慣れた人々に対してeコマースを利用してもらうためなら、配送までの期間を大幅に短縮させる（Runway Made to Order）というように、バーバリーのデジタル戦略は、ラグジュアリーブランドであるにもかかわらず、ブランドの世界観を一方的に押し付ける「エクスクルーシブ（選ばれた人向け）」なものではなく、ユーザーの価値観に寄り添った「デモクラティック（民主的）」なものである点で一貫しています。デジタル戦略を推進するうえで、ユーザーと対等な関係を結んでいこうとしているのです。

これはバーバリーだけに必要だった例外的な変化なのでしょうか？　それとも、ほかのあらゆるブランドや企業にも必要とされることなのでしょうか？

ソーシャルメディアでは「欠席裁判」を避けられない

この疑問に対して、ＬＩＮＥ株式会社執行役員法人ビジネス担当の田端《たばた》信《しん》太郎《たろう》氏は、ソーシャルメディア時代の到来により、もはやメッセージの受け手をブランド側が選ぶような「エクスクルーシブなプロモーション」は、消費者に通じにくくなってしまったと取材で語ってくれました。

「ラグジュアリーブランドがどんなに素敵な広告を展開し、ブランドイメージをコントロールしようとしても、ソーシャルメディアでは誰もが自分の意見を自由に書き込めるため、ブランドイメージがひとり歩きする事態を避けられません。しかも、それがネガティブな反応であっても止める術はない。いわば、ネット上では常にブランドの『欠席裁判』が行われているんです」

このソーシャルメディアにおける欠席裁判的な状況は、もはや現代社会の前提であって、どんなブランドや企業であっても避ける手段はないと田端氏は言います。

「ブランド側に残された選択肢は、こうした意見を無視するか、ユーザーと積極的に関わっていくかのどちらかしかありません。確かに人々の反応と企業がダイレクトに向き合うことのハードルは高いかもしれませんが、そうしなければネット上で支持を得ることは難しいんです。恋愛と同じで、まず相手の話を聞く姿勢を見せなければ、好きになってもらえません。その意味で、バーバリーはラグジュアリーブランドの中でもいち早く、ソーシャルメディアの本質である双方向型のコミュニケーションを実現することで、日々デジタルツールを使いこなすようになった人々の支持を集めたと言えます」

ここで間違ってはいけないのは、バーバリーが行ったことは他社に容易に真似することができない、特別なことではないという点です。

もし、ある男性が若い女性と恋愛をしようと思えば、彼女が使っているコミュニケーションツール（今ならばＬＩＮＥが多数派でしょう）で連絡をとろうとすることは当然の行動です。恋愛においては、アプローチする側が相手に合わせるのが一般的な作法だからです。しかし「自分はデジタルが苦手だから」と敬遠してしまったら、自分から接点を持つチャンスを逃してしまうことになります。

これを男性は企業に、女性は消費者に、恋愛は商売に置き換えてみてください。巻でいうデジタル戦略の重要性とは、結局のところ、そういうことなのだと思います。バーバリーだけに限らず、若者世代をターゲットにする企業やブランドは、彼らのコミュニケーションの作法に合わせることが、一番のまっとうなプロモーションのやり方なのです。

ＷＥＢプロモーションではファン目線が共感を呼ぶ

しかし忘れてならないのは、「ソーシャルメディアは企業のプロモーションのために開発されたツールではない」ということです。企業やブランドがビジネスに都合のいいやり方で消費者とつながろうとしても、そこに個人的な絆を感じてもらうことは難しいのです。前出の田端氏が続けます。

「双方向型のコミュニケーションをブランドが取り入れていくときに注意が必

要なのは、ソーシャルメディアとは基本的に『人間と人間が交流するためのアーキテクチャ』だということを忘れてしまい、一方的なPRばかりになってしまうことです。結局、企業がユーザーと向き合うための方法はひとつしかないと思います。ソーシャルメディアの属人性をわかったうえで、ユーザーに人間らしさを感じさせるようなコミュニケーションをすること。ソーシャルメディアを本当の意味で活用するなら、『名物広報さん』のように、誰かがそのブランドのメッセンジャーを引き受けなければならないのです。ブランドイメージを重視するラグジュアリーブランドであれば、CEOやデザイナーがブランドの『顔』となって、自ら情報発信をすることに可能性があるのではないでしょうか」

バーバリーはその初期から、CEOやデザイナーといったブランドの「顔」が、自らの口で積極的に情報を発信してきました。YouTubeの公式チャンネルには、ショーやキャンペーンの映像のほか、アンジェラ・アーレンツやクリストファー・ベイリーのインタビューもまとめられています。その中でも特に興味深いのは、ブランド全体のデザイナーであるベイリーが、コレクションの前後に配信していたメッセージ動画です。

ほとんどのラグジュアリーブランドでは、デザイナーのインタビューはブランドの華やかなイメージを壊さないように、スタジオやアトリエで収録されます。しかし、ベイリーのメッセージ動画は、ときにロンドンの街路や騒がしいパーティー会場、そして、まだ工事をしている最中のコレクション会場を背景に撮影されています。しかも語り口調も親しげで、ファッション・ジャーナリストによるインタビューではなく、ひとりでカメラの前に立ち、カメラの向こう側にいる「私たち」に直接語りかけているのです。⇓07

その中には画質が荒れているものまであったりするのですが、そこから伝わってくるのは、視聴者を顧客というよりも、まるで個人的な友人のように扱うことで、互いにフレンドリーな関係を築いていこうとするオープンな姿勢です。

実際、ベイリーはインタビューの中で次のように答えています。

もともとわたしは人を萎縮させるような雰囲気が苦手です。リアルな店舗にしても温かくてフレンドリーでウェルカムな感じのほうが好きですし、無愛想で自分が場違いな気にさせられるような空間にはいたくありません。いわゆるラグジュアリーブランドが、デジタルに対して神経質になるポイントは、ここにあるのかもしれません。人を場違いな気分にさせるほうがたやすく、逆に、客がいつ来ても温かく迎えられるような場所をつくり上げること、それも媚びることなく、かつうわべだけではないやり方でやることのほうが、はるかに難しいのです。わたしがデジタルの世界を好ましく思うのは、そこではすべてがオープンで透明だからです。⇓08

ユーザーと同じ目線で情報発信することを好むベイリーのスタイルは、バーバリーのプロモーションにおいて、こんなかたちでも表れています。

現在、バーバリーはあらゆるデジタルチャネルを使ってコレクションの模様をユーザーに伝えています。そこではランウェイに向かうモデルたちの様子といった舞台裏の写真もリアルタイムで配信しており、ファッションが好きな一般ユーザーが見たいと思っても、なかなか見ることができなかった光景を公開しています。

ときにはショーの途中に「フロントロウにアナ・ウィンター（米『ＶＯＧＵＥ』編集長）を見つけた！」といった無邪気なつぶやきもあり、あくまでユーザー目線でメッセージを送ることを重視している様子が伝わってきます。

このようにバーバリーはユーザーの価値観に寄り添った情報発信を心がけています。その中でも、双方向型のコミュニケーションをもっとも端的に表しているサービスは、ブランドの象徴であるトレンチコートをテーマにしたユーザー参加型サイト「Art of the Trench」でしょう。

バーバリーのトレンチコートを着た人なら、誰でも写真を投稿することができるArt of the Trenchは、２００９年11月にサービスを開始しました。以来、トレンチコートの正しい着方を教えるのではなく、ユーザーの自由なカスタマイズや着こなしを奨励するサービスとして、世界中から寄せられる個性的なトレンチコートのスタイルを記録してきました。

このサイトはソーシャルメディアの機能も併せ持ち、気に入った写真を評価したり、ツイッターやフェイスブックなどで拡散したりすることができます。さらに、そこに気に入ったトレンチコートの着こなしがあれば、そのまま該当するトレンチコートの販売ページを見ることもでき、ソーシャルメディアとeコマースが切れ目なく連携するように設計されています。

今では世界200カ国以上から投稿が集まるほどの人気サイトに成長したこのサイトは、ネット上にトレンチコートを中心にしたコミュニティを育てることにもつながり、Art of the Trenchをテーマにした関連イベントも各地で行われています。

ソーシャルメディア上のコミュニティをリアルな体験につなげ、より深くブランドへの愛着を育んでいく。しかも、中心にはブランドのDNAであるトレンチコートがあるので、たとえ他社が同じような仕組みのサービスを始めたとしても、バーバリーのブランディングツールとしてしっかりと機能します。バーバリーのデジタル戦略においては、デジタルとは単なるツールなのではなく、リアルな体験やブランドストーリーの伝達の基盤になるような「プラットフォーム」です。そして、プラットフォームにアクセスするためには、スマートフォンがあれば十分なのです。

バーバリーはそのように、デジタルのテクノロジーを通じて今どきの消費者と積極的に関わり、新しい世代のファンを育ててきました。

ファンを増やしたければ宣伝より体験を提供すべし

よく「ネット通販でモノが手軽に買えるようになったからこそ、これからのブランドはモノを売るだけではなく、そのブランドでしか味わえない『体験価値の創造』が重要になる」と指摘されます。

これは決して新しい問題提起ではなく、２０００年に邦訳が刊行された『経験経済』（Ｂ・Ｊ・パインⅡ、Ｊ・Ｈ・ギルモア著）という書籍では、顧客の価値観の多様化に合わせて企業が商品やサービスを多様化するだけでは十分ではなく、顧客の記憶に残る感動を与え、それを唯一の経験だと感じてもらわなければ、どんな優れた商品やサービスもコモディティ化して、他社との差別化が難しくなってしまう。そのような文脈で、すでに「体験価値」の重要性が訴えられていました。⇒09

しかし、ソーシャルメディアがなかった時代に顧客へ体験価値を提供するためには、その体験を提供できる場所に来てもらう必要がありました。ファッションショーがどんなに感動的な体験であれ、その場所に来てもらわなければ楽しむことはできなかったように、です。

それから10年後、ファッションショーがオンラインに開放されたように、インターネットを通じて、世界中の人にブランドの体験価値を提供できるようになりました。そこでバーバリーは発想を逆転させます。ショッピングの付加価値として体験を提供するのではなく、楽しい体験をした結果、その先にバーバリーというブランドの世界観を感じられるようにしていこう、と。

これについて、クリストファー・ベイリーは次のように述べています。

今後ラグジュアリーブランドは、「体験」に最大の価値を置いていくことになるのだと思います。リアルな体験に比重を置くことは大きな転換です。ブランドの体験は、当然、オーセンティックでなくてはなりませんし、加えて、多面的に展開されなくてはなりません。音楽、映像、写真、アート、デザイン、カルチャー……デジタルにはそれらをすべてプレゼンテーションできるプラットフォームがあります。

わたしたちは世界中に顧客やファンのコミュニティをもっています。以前はファッションはもとより、香水、音楽、といったさまざまな領域で、わたししたちと接点を持ちつながっている人たちが世界中にいたにもかかわらず、コミュニティを一元化し組織化することができなかった。ところがデジタルによって、それらのすべてを統合し、バーバリーの視点（Point of View）をより明確に打ち出すことができるようになったのです。⇓10

例えばBurberry Acousticは、あくまで音楽が好きな人に向け、新しい音楽との出会いの場を提供するプログラムです。そこにバーバリーのＣＭが流れたり、ｅコマースが紐付いたりしているわけではありません。

「もちろん、こうしたプログラムを通じてバーバリーの世界を知ってもらい、願わくは顧客になってもらえれば、それに越したことはありませんが、そうならなくてもかまわない。アコースティック好きの人が楽しんでくれればそれでいいんです。ミュージシャンが巻いているマフラーを気に入ってくれるかもしれないし、そのアーティストがアルバムを出したら買ってくれるかもしれない。でもそれは結果であって目的ではありません」とベイリーは言います。⇓11

このある種、禁欲的な発言の真意はどこにあるのでしょうか？

今は消費者の嗜好が多様化しているだけでなく、消費者が所属するコミュニティまでもが多様化しています。音楽好きな人々は音楽好きのコミュニティに集い、ファッションが好きな人はファッション好きのコミュニティに集い、自動車が好きな人は自動車のコミュニティに集い……というように、たとえ、どんなにマイナーな趣味であっても、同じ趣味嗜好を持つ仲間がネット上では簡単に見つかる一方で、自分に興味のないことはなかなか目に入ってきません。検索は「自分が知りたいと思っていること」を調べるためには非常に役立つのですが、「偶然の出会い」にはあまり向いていないのです。

こうした傾向は、ソーシャルメディアの普及によってさらに拍車がかかりました。ソーシャルメディア上でつながった友人が自分と同じような趣味嗜好、同じようなライフスタイルを送っている人ばかりであれば、そこから得られる情報は、知らず知らずのうちに偏ったものになってしまいます。たくさんの情報を受け取っているつもりでも、それはコミュニティの価値観に合うように、あらかじめゾーニングされてしまっているのです。しかも、自分に最適化された居心地がいい環境のため、コミュニティの外側には、そう簡単に目を向けようと思わなくなります。

そうした状況で企業がＰＲを行っていくために必要となるのは、ブランドの世界観を好きになってくれそうな人たちに向け、彼らのコミュニティと親和性の高いやり方で体験を提供することです。バーバリーであれば、イギリス的な音楽が好きな人々は、バーバリーの世界観も気に入ってくれる可能性が高いと予想されます。だから商品の宣伝は横に置いて、まずは彼らと接点を持つために、純粋にミュージシャンを紹介するBurberry Acousticというプログラムを提供しているのです。

その中心にあるのはあくまで商品の宣伝ではなく、「体験の楽しさ」でなければなりません。Art of the Trenchはトレンチコートのファンサイトですが、このサービスの魅力は自身のスタイリングを投稿したり、他人のスタイリングを参考にできる「コミュニケーションの楽しさ」にあります。これがトレンチコートを買うように熱心に訴えてくるサービスであれば、たちまち利用者は白けてしまったでしょう。

人々が楽しいと感じる体験を提供することで、潜在的な顧客と接点を持つ。その結果、商品を買ってくれなくてもいい。デジタルで発信を続けていると、単純に音楽をもっと聴きたいと思った人が、バーバリーのフェイスブックページを登録してくれるかもしれません。そうすれば、その人のスマートフォンには、音楽の更新情報のほかに、ブランドの商品に関するメッセージも届くようになります。魅力的な体験を軸にしながら、消費者とブランドの絆を結び、その関係を継続していく。ソーシャルメディアのコミュニティの外側になかなか目を向けてくれない人々を顧客に変えていくためには、そういった工夫が必要であり、デジタルはそれを可能にするテクノロジーです。ただくれぐれも、この順番を反対にしてはいけません。

ラグジュアリーブランドがＩＴ企業とコラボする意味

バーバリーはもともと、19世紀のロンドンに開業したコート店から始まりました。最初は顧客と1対1で話し合い、その人に最適な商品を提供していくことで、ラグジュアリーブランドとして認められていったのです。欧州の富裕層向けに馬具を作っていたエルメスも、パリの街角で旅行用カバンの専門店としてスタートしたルイ・ヴィトンも、それは現代まで続く老舗ブランドのほとんどに当てはまります。

つまり、ラグジュアリーブランドの本質は「パーソナライズ（Personalized）」にあるのです。ブランドが自分のためだけにサービスや商品を提供してくれる。そんな贅沢な体験だからこそ、高い価格に値していたのです。

しかし時代は流れていきます。消費者のライフスタイルが変われば、ブランドに求められる価値も変わっていきます。ブランドを存続させていくためには、どんなに良いものであれ、同じ商品ばかりを作り続けるわけにはいきません。そのとき、ブランドは自身の本質的な価値を見つめ直し、「自分たちは何を提供する企業なのか？」を再定義する必要が生じます。

バーバリーはコート店でした。それも雨具のトレンチコートを作ることで有名になったブランドでした。それを若返りさせるためにアーレンツとベイリーは、「バーバリーは一部の人たちの特別な服ではなく、誰でも着ることができる魅力的な服を提供する企業」とブランドのＤＮＡを再定義したのです。

アーレンツはこの転換を「デモクラティック・ラグジュアリー」と呼びました。「誰でも手にできる」という民主的（デモクラティック）な要素と、顧客の好みに応じてパーソナライズされるラグジュアリーの融合。その離れ業を可能にしたのが数々のデジタル戦略であったことは、すでに見てきた通りです。

そして、この「デモクラティック・ラグジュアリー」の宣言は、リーマン・ショックによる世界的な不況を経験し、ふんぞり返った権威にうんざりしていた若者たちに新鮮なものとして映りました。ラグジュアリーブランドのプロモーションを数多く手がけるグローバルブランディングカンパニー「ＳＩＭＯＮＥ」代表のムラカミカイエ氏は、そんな状況をこう評してくれました。

「ネットやデジタル・テクノロジーを積極的に取り入れたブランドになったことで、バーバリーはイギリスの伝統的な老舗ブランドというだけでなく、何より『ユーザーに未来を感じさせてくれるブランド』として受け取られるようになりました。かつて、ラグジュアリーブランドに向けられていた尊敬の眼差しは、今はアップルやグーグルといったＩＴ企業に向けられています。そんななか、ラグジュアリーブランドの中でバーバリーだけがｉＰｈｏｎｅの新作に行列を作るような人々にアプローチできています。洗練されたデザイン、どこにでも持ち運べるモビリティ性、そしてアプリを入れ替えることでユーザーの好きなようにカスタマイズできる点など、ｉＰｈｏｎｅもバーバリーのトレンチコートと同じように、デモクラティックな価値観のもとで生み出された製品ということができるからです」

バーバリーもアップルも、同じ「デモクラティック・ラグジュアリー」なブランドであるという点で、互いに親和性があったのです。実際に2014年の春夏コレクションでは、発売前のiPhone5S14台のカメラだけを使ってランウェイのライブ配信を行い、バーバリーだけでなく、アップルのファンからも「クールなコラボ」だと注目を集めました。⇓12

これと似たことが、かつてボブ・ディランがiPodのCMに出演した際にも起こっています。

2006年、ディランは新作『モダン・タイムズ』の発売を機に、初めてiTunesでのデジタル版リリースを解禁します。それを記念して、iPodのCMに出演し、新曲を披露したのです。しかし企画段階では、少年の頃からディランの大ファンだったスティーブ・ジョブズは大喜びしたものの、アップルの広告チームの間では、「彼は今もクールなのか?」という声が上がっていたといいます。アップルの熱狂的なファンである若い世代に、ディランの起用は響かないのではと懸念されたのです。

ところが……。

この広告では、iPodマーケティングの〝ハロー効果〟がよく現れた。アップルコンピュータにとってもそうだったように、ディランにも若いファンが増えたのだ。この広告により、ディランのアルバムは発売第1週でビルボードチャートのトップとなる。クリスティーナ・アギレラやアウトキャストなどの人気アルバムを抑えての1位である。ディランにとっては、1976年発売の『欲望』以来のビルボードトップだった。⇓13

ディランとiPodのエピソードは、バーバリーがデジタル戦略によってファンの若返りを果たしたことと重なります。ムラカミ氏も指摘するように、若い世代から今もっとも憧れられているのは、アップルやグーグルといったIT系の企業が生み出すモノやサービスです。だからバーバリーはブランドの若返りというミッションを実現するために、アップルやグーグルと並び称されても遜色ないほどデジタル戦略を推し進めたのです。

ブランドのイメージを変えるためには、自社のことだけでなく、人々の頭の中のことを考える必要があります。自分たちのブランドがどのような商品と並んで思い浮かべられたら、ブランドの立ち位置を変えることができるのか。それは市場調査をしたりするのとは、ちょっと違います。ジャンルを超えて市場を見渡し、自分たちがそこに行きたいと思える場所に、どんなブランドが立っているのか。それを考えなければなりません。デジタルネイティブ世代から憧れられることを目指したバーバリーにとって、そこに立っていたのはアップルだったのです。

前出のムラカミ氏が言います。

「バーバリーはプロモーションだけでなく、eコマースにおいても人々に対して開かれたブランドであることを示し続けています。ブランドとして強い一貫性があり、そこが魅力として、従来のラグジュアリーブランドがうまくリーチできなかった若い世代にまで響いている。これはデジタル化の結果というよりも、『自分たちはどんなブランドを目指すのか？』という問いかけが先になければ達成できない。『バーバリーはユーザーに対して開かれたラグジュアリーブランドになる』という目標がまずあって、そこに向かってデジタル、特にソーシャルメディアが持つ双方向性を取り入れていったのです。ブランディングの本質が『他社との差別化』だとすれば、バーバリーの前には誰もチャレンジしていなかったという意味で、これ以上ない差別化に成功したと言えますね」

ソーシャルメディア時代の到来によって、企業やブランドには消費者の声と直接向かい合うことが求められるようになりました。そこでバーバリーが行ったのは、eコマースにおける配送期間の短縮化であり、動画でデザイナーが親しげに話しかけることであり、ランウェイのバックステージを公開することであり、ユーザー同士がつながる参加型サービスの提供でした。

つまり、「デモクラティック・ラグジュアリー」と自らを再定義することは、「デジタル・テクノロジーによってユーザーに開かれたブランドになる」ことを意味していました。その方針のもと、バーバリーは徹底したデジタル戦略を推し進めた結果、ミレニアルズやデジタルネイティブ世代から、アップルのようなクールなブランドという評価を手に入れ、彼らを「のめりこませる」ことに成功したのです。

Chapter 2
Summary・まとめ

- 若者を狙うためにはデジタル戦略が不可欠
- オンラインでも店頭と同じ「特別感」を演出する
- 消費者との接点は宣伝より「体験」
- WEBプロモーションはファンの目線で考える
- どんな商品と並んでイメージされたいか想像する

ファッションとテクノロジーをつなぐキーパーソンとなった、バーバリー元CEOのアンジェラ・アーレンツとデザイナーのクリストファー・ベイリー

Annotation・注釈

01 デジタルネイティブ世代の定義は一般的に、「生まれたときからインターネットが普及していた世代」とされている。そのため厳密にいうと、日本におけるデジタルネイティブ世代はミレニアルズよりもやや範囲が狭く、ウィンドウズ95が発売された1995年以降といえる。また、ミレニアルズの中でも、ネット普及の過渡期に思春期を過ごした世代のことを、「デジタルとアナログの両方の時代を経験している」ことから、「デジアナ世代」と呼ぶこともある。

02 アンジェラ・アーレンツ……米インディアナ州生まれ。ファッションモデルの母親の影響で、子供の頃からファッション業界に興味を持つ。ボールステイト大学でマーケティングを専攻後、小売業界へと進み、1989年にはダナ・キャランインターナショナルの社長に就任。その後、ヘンリ・ベンデル、リズ・クレイボーンなどを経て、2006年7月にバーバリーのCEOに就任した。2014年4月には同社を退職し、米アップルの小売り・オンラインストア担当の上級副社長に就任している。

03 WIRED「21世紀の「ラグジュアリー」を定義せよ――バーバリーはいかにしてデジタル改革に成功したか【上】」http://wired.jp/2012/06/25/burberry-digital-1/

04 Fast Company「THE WORLD'S TOP 10 MOST INNOVATIVE COMPANIES IN RETAIL」http://www.fastcompany.com/most-innovative-companies/2013/industry/retail

05 Bloomberg.co.jp「年俸99億円、女性経営幹部で最高額はアップルのアーレンツ氏」http://www.bloomberg.co.jp/news/123-NNVVZ06VDKHU01.html

06 WWD JAPAN.COM「「バーバリー」がアップルミュージックにチャンネルを開設」https://www.wwdjapan.com/fashion/2015/09/15/00018027.html

07 Burberry「Christopher Bailey - The Burberry Prorsum Womenswear A/W10 Show」https://www.youtube.com/watch ? v=gBheXfx3Ufo

08 WIRED「ファッションブランドはアップルを目指す――クリストファー・ベイリーが語る、バーバリーのデジタル戦略」http://wired.jp/2012/06/26/burberry-digital-3/

09 B・J・パインⅡ、J・H・ギルモア『経験経済』

10 WIRED「ファッションブランドはアップルを目指す――クリストファー・ベイリーが語る、バーバリーのデジタル戦略」http://wired.jp/2012/06/26/burberry-digital-3/

11 同記事よりベイリーの発言

12 ウォルター・アイザックソン『スティーブ・ジョブズⅡ』（文庫版）P261～267

Chapter 3

ネット口コミの悪評とどう向き合っていくのか

上／シャネルのデザイナー、カール・ラガーフェルド。ネット通販に否定的なシャネルだったが、本人はデジタルへの興味を隠していない。そしてついに……
下／ LVMH のベルナール・アルノー CEO。高級ブランドビジネスを巨大マーケットへと成長させた辣腕経営者は、オンライン市場でも覇権を握れるか？

バーバリーのデジタル戦略について見ていくことで、ソーシャルメディア時代には、オンライン上のさまざまなコミュニティに点在する消費者と多様な接点を持つこと、そして、そんな消費者とブランドのファンとして絆を結んでいくためには、企業からの一方的な宣伝を押し付けるのではなく、オンライン上でもファンの目線に立った「体験」を提供することが重要であると説明しました。

こうした傾向は、ほかのラグジュアリーブランドの間でもますます高まっています。そこからは、「ネット口コミがあふれるなかで、人々にブランドのメッセージを効果的に届ける」ための知恵が見えてきます。

ブランドの語り部が広告から口コミに移行した

経営コンサルティング会社のベイン・アンド・カンパニーが発表したラグジュアリー市場のレポートによると、世界の個人向け高級品市場の規模はますます増加傾向にあり、2015年には約2530億ユーロと過去最高を達成しました。ただ、今後も成長が見込まれるものの、特に先進国ではブランド側に戦略の見直しが迫ら

れることになると予測しています。⇓01

大きな要因はやはり、ソーシャルメディアを通じた「口コミ」の影響力の高まりにあります。今やブランドのメッセージの語り部は、ファッション雑誌からソーシャルメディアの口コミに移り、ラグジュアリー消費においても、ネットで評判を確認してから店舗での購入を検討することは一般的な行動になっています。しかし企業が意図的に口コミをコントロールすることはできないため、過去最高の市場規模となったものの、「高級品業界をとりまく状況は、以前にも増して厳しいものとなっている」と同社は結論づけているのです。

そこでブランド側に問われているのは、顧客をどのように「エンゲージ」していくか。エンゲージとは、顧客とブランドの間で絆を結ぶこと。つまり、どのような情報発信のやり方であれば、人々にブランドとのつながりを感じてもらえるかが課題になっているわけです。

ラグジュアリーブランドにとって一番の危機は、商品が機能面やお得感だけで比較されてしまうことです。歴史やクラフトマンシップといった物語こそが、エルメスやルイ・ヴィトンといったブランドをラグジュアリーたらしめているのです。世の中に革のバッグはたくさんあります。しかし商品の背景にある物語の違いによって機能を超えた価値が生まれ、それがエルメスになったり、ルイ・ヴィトンになったりしているわけです。だから顧客にしっかりとブランドの物語を伝えることは、ラグジュアリーブランドの生命線といえるのです。

しかしソーシャルメディアの普及以降、ブランドの語り部が、企業の広告から個人によるネットの書き込みへと移ってしまいました。例えばファッション業界では、ファッション雑誌よりも、ファッションブロガーの意見に人々の購買意欲が左右されることが珍しくありません。顧客をどのようにエンゲージするのかという課題は、結局のところ、どうやってソーシャルメディアにおいて、ブランドが語り部の地位を取り戻すのかということに行き着くのです。

その方法のひとつが、前章で見てきたようなバーバリーのデジタル戦略です。ネット空間に人々が集まっているコミュニティに自ら出向いていき、彼らに寄り添ったプロモーションを行う。ブランドの物語を自らの口から伝えていく。そうすることで、ブランドの語り部の地位を取り戻そうとしてきたわけです。

バーバリーは若者世代を狙い、フランクかつオープンなプロモーションを行ってきました。同じように世界的なラグジュアリーブランドであるシャネルは、バーバリーとはまた違った試みで、ブランドの語り部の地位を取り戻そうとしています。

なぜシャネルの動画は圧倒的に支持されるのか

２０１２年10月、シャネルはちょっと変わったウェブサイトを新たに立ち上げました。新商品が発表されるわけでも、ファッションショーのライブ中継が行われるわけでもありません。そこで配信されたのは、まるで映画のようなショートフィルムの数々でした。

サイト名は「Inside CHANEL」。創設者であるココ・シャネルの歴史や、アイコニックな香水「N°5」について語るマリリン・モンローの秘蔵インタビューといった貴重な資料をテーマごとにまとめた1分や2分の短い動画として公開することで、シャネルにまつわる物語を紹介しています。それはウェブ動画にありがちな手軽に作られたものではなく、非常に手間と予算をかけた高クオリティなフィルムの数々であり、見る者にまるでアート映画のような印象を与えます。

Inside CHANELは広く閲覧され、各動画の再生回数は平均で数十万、もっとも視聴された「Marilyn and N°5」（マリリンとシャネルN°5）にいたっては、1000万再生を超えています。⇓02 シャネルというラグジュアリーブランドの歴史をコンテンツ化したことが、これほど多くの人に響いているのです。

シャネルではこのほかにもさまざまなカテゴリーの動画を公開しています。ショーの映像やコレクションの新アイテムを紹介する「ファッション」や、香水のストーリーを伝える「フレグランス」、高級品のものづくりの裏側に迫る「ウオッチ」や「ファインジュエリー」など、シャネルの製品群それぞれに動画を制作し、積極的にYouTube上で紹介しているのです。

特に化粧品を紹介する「メイクアップ」のカテゴリーでは、通常は店頭で配られていた冊子「シャネル・ビューティーガイド」の内容を動画として作り上げ、オンライン動画のジャンルで同業他社に圧倒的な差をつけています。

同社ではセレブを相手にしたメイクアップ・アーティスト、リサ・エリッジ氏を専属のビデオスタッフとして採用。YouTubeのマーケティング企業ピクサビリティ社が、２０１５年６月にリリースした「ＹｏｕＴｕｂｅでの美容研究」によると、ＹｏｕＴｕｂｅ動画における美容系コンテンツの65％は、「ハウツー（Tutorial）」か「コマーシャル（Commercial）」で占められるという。
一方、法人向けのデジタル分析を手がけるＬ２社の「２０１５年ビデオ研究」では、このようなトップカテゴリー内でコンテンツ制作をしても、それほど試聴されるわけではないとしている。むしろ、著名デザイナーのカール・ラガーフェルド氏（筆者注：シャネルのデザイナー）が監修した、質の高いビデオを大量に制作したことが成功に貢献したという。⇓03

シャネルの動画は単純な「ハウツー（メイクのやり方紹介など）」や「コマーシャル（新商品の宣伝など）」に収まりきらない魅力を持っています。つまり、このラグジュアリーブランドはオンライン動画を「ブランドや商品の認知を高めるため」だけではなく、「人々をブランドの世界に引き込むため」に活用しているのです。

例えば新商品と中古品、そしてアウトレット品にリアル店舗で触れる場合、それぞれの商品を扱う店舗はまったく別のものとして分かれており、同じショッピングでも異なる体験としてユーザーには感じられます。

しかしネット空間ではこうしたゾーニングはほとんど意識されることはありません。商品名を検索すれば、ブランドの公式なサイトだけでなく、ネットオークションやeコマースのモール、さらには商品への悪評まで、あらゆる情報がフラットに並び、ユーザーの目に飛び込んできてしまいます。

そんな環境の中、ブランドの世界観をユーザーに効果的に伝えるためにはどうすればいいのか？

その回答のひとつが、シャネルが行っている「高クオリティの動画を数多く制作・公開すること」です。シャネルはユーザーがどんな要素に反応し、共感するのかを徹底的に意識して動画を制作しています。つまり、どうすればファンをエンゲージできるのか考え尽くしてネット動画を作っているのです。

前出の記事では、

公式チャンネルでのエンゲージメント・レベルは、ただコンテンツの量が多いだけではないことを裏付けている。ピクサビリティ社によると、２０１４年

1月から2015年4月にかけて1億6800万回の視聴と、「高く評価」「低く評価」「共有」「公開コメント」などのエンゲージメントが660万回あったという。このカテゴリー（筆者注：美容カテゴリー）で一番多く視聴され、エンゲージメントがあったのがシャネルだった。⇓04

とも伝えています。

ネット動画に乗り出す企業は、膨大なユーザーがいるネット空間の中で、どれだけ閲覧数を増やせたかを一番のKPI（重要業績評価指数）に置く傾向があります。しかし「ネット動画によってファンを作る」という観点でいえば、とにかくたくさんのコンテンツを制作し、とにかく露出を増やしていこうという姿勢が、必ずしも正しいとはいえません。それはしばしば、コンテンツの粗製濫造を招いてしまうことがあります。数を優先するあまり、コンテンツの価値が薄まってしまうのです。

美容のジャンルで、シャネル以上に動画の閲覧数があり、多くのユーザーに見られているブランドはいくつかあります。しかしシャネル以上にユーザーから動画の反応を引き出せたブランドは、今のところありません。

人間はブランドの「物語」に惹きつけられる

1944年、アメリカのマサチューセッツの大学生34人を対象に、ある実験が行われました。人間の認識能力の正体に迫るために行われたその実験の結果は、ネットのプロモーションを考えるうえで、重要なヒントを与えてくれます。

被験者たちは短い映画を見せられ、その内容の説明を求められた。映画の内容は、2つの三角形と1つの丸が平面上を移動する、というものだった。そこには静止した四角形もあり、四角形の一片は蓋のように開いていた。結果、34人中たった1人の被験者が、映画の内容を正確に言い当てた。つまり、それは「平面上を移動する図形」であると。他の者は全員、図形の行動が示す〝物語〟を念入りに考え出し、説明しようとした。中でも多かったのは「2つの三角形は喧嘩している男で、丸は乱暴者の三角形から逃げている女性である」という解釈だった。図形は生き生きとした命ある人間として認識されたのである。⇓**05**

この映画では「2つの三角形と1つの丸が平面上を移動する」映像が流れるだけで、実際は起承転結のあるストーリーなど語られておらず、図形に表情なども描かれていませんでした。しかしそれにもかかわらず、34人中33人もの被験者が、映像から具体的な物語を読み取ろうとしました。この結果からは、私たちはあらゆる体験から物語を読み取り、それによって世界を認識しようとする生き物なのだということがわかります。

これはインターネットを見るときも同様です。人々はネット上に散らばった動画やテキストから関連性を読み取り、頭の中でひとつの世界観を形作っていきます。だからブランドが共通した背景を持ったコンテンツをネットに投稿し続ければ、ユーザーはコンテンツに触れた経験を「ブランド体験」として受け取り、ブランドの世界に没入していくのです。

先ほど、シャネルの動画の特徴は、「ハウツー」や「コマーシャル」に留まらないところにあると指摘しました。Inside CHANELに顕著なように、ただ商品を紹介するだけでなく、ブランドをブランドたらしめている「物語」が、常にコンテンツの軸として打ち出されています。それはメイクアップ動画でも、ラガーフェルドのインタビューでも同様です。ひと目でシャネルとわかるほど、明確な世界観のもとにすべての動画が制作されているのです。

すべての情報がフラットに並ぶネット空間でブランディングを行うためには、バラバラのコンテンツがユーザーの頭の中で、ひとつのイメージとして統一されるようにしなければなりません。シャネルの一連の動画は、ブランドの世界観をしっかりと打ち出すことでユーザーに没入感を与え、その頭の中に確固としたブランド・イメージを作り上げることに成功しました。だからシャネルの動画の「エンゲージメント・レベル」は、他社のブランドと比較して圧倒的に高いのです。

この反響を受け、ネット上でも手間を惜しまなければ、高級品のブランディングをしていくことは可能であるという手応えを摑んだのでしょう。シャネルはこれまでeコマースに消極的でしたが、ついに２０１６年内をめどに、ブランド初のeコマースサイトを開設することを宣言しています。⇓06

本書の執筆段階ではまだサイトの全貌は不明です。しかし実現すれば、それはオンライン上でシャネルの世界観を発信し、ファンと絆を結び、商品の購買につなげていくための新しい拠点となるのは間違いありません。

情報があふれているからコンテンツの本気度が問われる

ソーシャルメディア時代の今、単純な広告など誰も見ない。だから人々が興味を持つコンテンツの〝シェア〟を通じて、消費者と絆を結んでいくことが重要だ。よくそう指摘されます。

ソーシャルメディアが普及した当初から、企業は新たな宣伝ツールとしてツイッターやフェイスブックに注目してきました。しかしソーシャルメディアは本来、人々がつながるためのツールです。製品やキャンペーンの情報を共有するためのものではなく、心が動いた体験を他人に伝えるためのツールなのです。

だから次第に企業の側も、自社の都合に終始した商品の宣伝をただ行っても、誰も振り向いてくれないと気がついていきました。

そこで宣伝だけでない、それ自体が面白く、消費者の興味を引くコンテンツを自ら制作し、広告の代わりにソーシャルメディアでシェアしてもらおうと、各企業がさまざまな試みを行っているのが現状です。ここ数年、ネット上にいわゆる「オウンドメディア」⇓07 が増え続けているのには、そんな背景があります。しかし企業がコンテンツを作り、情報を発信するうえで、「それが本当に共有したくなるほど、魅力的なコンテンツなのか」という視点を忘れてはいけません。

「ソーシャルメディアの時代だからと表面的に新しいトレンドを取り入れても、効果は望めないでしょう。インターネットに情報があふれる今だからこそ、情報発信をする企業にはコンテンツにかける『本気度』が求められていると思います」

そう語るのは、SHIBUYA PUBLISHING & BOOKSELLERSファウンダー・CEOの福井盛太《ふくいせいた》氏。書店やセレクトショップのプロデュースのほか、編集者として企業のオウンドメディアも手がける福井氏は、

「消費者との信頼関係を作り上げるブランディングをしようとしているのに、中途半端なコンテンツを発信したら、それこそかえって信用を失ってしまいます。特に東日本大震災以降は、高感度な人々がステータスとしての消費スタイ

ルを避け、より本質的なライフスタイルを選んでいる印象を受けます。書店における雑誌の売れ行きを見ても、ファッション系が軒並み売り上げを落としています。その代わりに再評価されたのは、例えば『暮しの手帖』や『LEON』です。互いに正反対の価値観を打ち出している雑誌ですが、その『ブレない姿勢』が読者の共感につながっているのです」

と指摘します。

福井氏が「本気度」と表現するように、最新のトレンドをただなぞるのではなく、あくまで企業やブランドが本来持っているＤＮＡを中心に据えることで、自分たちにしかできないコンテンツを提供すること。それがネットにおける情報発信には求められます。

シャネルの動画コンテンツは、まさにシャネルにしかあり得ない、ブランドに固有な物語を軸にしたコンテンツという意味で、その好例といえるでしょう。

ラルフ ローレンの強烈なコンテンツ・プロモーション

バーバリーやシャネルだけでなく、現在、ラグジュアリーブランドの多くはネット上に情報発信のプラットフォームを持ち、自分たちの世界観を記事や動画といったコンテンツを通じて伝えています。

この試みに早くから取り組んでいたのがラルフ ローレンです。現在もオンラインマガジン「RL Magazine」や、着こなしのアドバイスなどを盛り込んだ「RL Style Guide」をブランドサイト内に展開しています。そこではアメリカの著名な新聞記者や雑誌編集者らが執筆しており、ブランドの商品とは直接関係がなく、自社の宣伝にならない高級車やトラベルガイド、さらには他社デザイナーのエピソードなども掲載することで、「伝統と革新」というラルフ ローレンのアイデンティティをネット上で多面的に表現しています。

これらのコンテンツはラルフ ローレンのeコマースサイト上にあり、ブランドとの接点がトラベルガイドでも、スーツやドレスの着こなしのハウツーでも、どこからでも商品の購入にたどり着くことができる設計になっています。

実はラルフローレンは、ＷＥＢプロモーションにおいて革新的な挑戦を数多く行ってきたブランドとしても知られています。アメリカでは２０００年にいち早くｅコマースサイトを立ち上げており、デジタル戦略の試行錯誤を長いこと続けてきたのです。

リアルイベントをソーシャルメディアの口コミに活用することにも熱心で、２０１０年には新作香水のプロモーションとして、４Ｄ（３Ｄ＋嗅覚）のバーチャルショーを開催しました。ニューヨークのマディソン・アベニューにあるラルフローレンの旗艦店の壁面に、プロジェクションマッピングによってショーの映像を投影し、最後には巨大な香水のボトルから、観客に向けて香り付きのミストを振りかける体感型のイベントでした。⇓08

２０１５年春夏のニューヨークファッションウィーク開催中には、この演出をさらに先鋭化しています。今度はセントラル・パークの中心に、ビル４階建ての高さに相当する巨大な「水のスクリーン」を用意し、そこにショーの映像を投影したのです。⇓09　実際に流れる水にショーの様子が映し出される光景を目撃した人々は、この夢のようなイベントの模様を興奮の声とともにソーシャルメディアに投稿し、世界中の人とシェアしました。アナログな体験に口コミを誘発する要素を仕込み、ソーシャルメディアによって感動の声を増幅する。まさに「伝統と革新」を掲げる同ブランドらしいプロモーションです。

さらに、ラルフ ローレンはネット動画の拡散の狙い方も独特です。ほかのブランドがさまざまな方法で自社の動画の再生回数を増やしていこうと悪戦苦闘していた2013年、ラルフ ローレンはセカンドライン「Denim & Supply」の専属モデルとして、世界的な人気を集めるEDM（Electronic Dance Music）のカリスマDJ、アヴィーチー（Avicii）と契約します。

同年、アヴィーチーは自身の新曲「Wake Me Up」を、ラルフ ローレン的な世界観をイメージさせる、カントリー調のリフと歌声に乗せて発表します。PV《プロモーションビデオ》ではまさに西部劇のような世界観の映像が続く中、Denim & Supplyの服を着たモデルたちやアヴィーチーが登場するのです。この曲は2013年の世界的な大ヒットチューンとなり、YouTubeの動画はなんと2億回以上も再生されました。

この曲のファンになった人は、自然とラルフ ローレンが提供するブランドの世界観にも共鳴する。そんな仕組みを持った強烈なコンテンツ・プロモーションとなったのです。

企業にとってネットは「チャネル」から「メディア」に

しかしネット上での情報発信を強めるラグジュアリーブランドの中にあって、ラルフローレンやシャネル、バーバリーとも違ったプロモーションを行っている企業があります。それはルイ・ヴィトンやディオール、ドン・ペリニヨンといった数々の高級ブランドを傘下に収め、「ブランド帝国」とも称されるコングロマリット、「ＬＶＭＨ（モエ ヘネシー・ルイヴィトン）」です。

作家・村上春樹氏のベストセラー『１Ｑ８４』の英語版が２０１１年にリリースされたとき、それを記念して「NOWNESS」という海外のサイトが、春樹作品にインスパイアされたアート作品の募集を行ったことをご存知でしょうか。⇓10

実はこのNOWNESSは、海外ではかなり知られたデジタルマガジンです。

アートからライフスタイル、カルチャー、トラベル、著名なクリエイターによる写真やショートフィルムまで、ここでしか見られない独自のコンテンツをすべて無料で毎日配信しています。現代カルチャーに興味がある人には、デビッド・リンチやスパイク・ジョーンズといった映画監督が作品を寄せ、デザイナーのカール・ラガーフェルドがショートフィルムを公開していると説明すれば、その影響力が伝わるでしょう。

海外でも熱烈なファンを持つ村上春樹氏だけに、アートやカルチャーに強い親和性を持つ読者が集まる同サイトでプロモーションを行うことは、自然な流れだったのです。

そして、このNOWNESSを運営しているのが、ＬＶＭＨです。

サイトの開設は２００９年2月25日。それまでＬＶＭＨグループのｅコマースサイトとして運営されていた「eLuxury」に代わる、情報発信サイトとしてスタートしました。いわば、ここまで紹介してきたようなブランドのオウンドメディアの一種というわけです。

しかし、ほかのブランドとは決定的に違う点がひとつあります。NOWNESSはサイトのどこを探しても、「by LVMH」という文言がありません。サイトを訪れるユーザーにとって、ＬＶＭＨが母体であることを意識する瞬間がないのです。

ブランドが資金を提供し、運営するデジタルマガジンなのに、どこにもブランド名が書かれていないのはなぜか？　ブランドのプロモーションのためのサイトでないとしたら、ＬＶＭＨにとってNOWNESSの役割とは、いったいどのようなものなのか？

世界のファッションビジネス情報を発信する『ＷＷＤ　ＪＡＰＡＮ』編集長の都《つ》築《づき》千《ち》佳《か》氏（肩書きは取材時。現在は『ＷＷＤビューティ』編集長）は、次のように指摘します。

「エッジが効いたコンテンツを掲載することで、NOWNESSはファッションやアートに興味があるユーザー、つまりＬＶＭＨグループ系列のブランドのプロダクトや事業に関心を寄せてくれそうな人々が集まるサイトになっています。これは『どうしたらラグジュアリーブランドがＷＥＢ上でブランディングを行うことができるのか？』という疑問に対する、ＬＶＭＨなりの解答だと思います。

仕組みはこうです。コンテンツの魅力に惹きつけられてサイトのファンになり、NOWNESSに関する報道などを調べていくと、LVMHの媒体であることがわかる。NOWNESSはLVMHは自社が運営していることを隠しているわけではありませんし、検索すればすぐにわかります。ただNOWNESSというサイトには明記していないというだけ。実はこの点が重要で、ブランドのロゴを前面に出さないことで、LVMHグループのブランドに興味がない人も巻き込むことができているのです。サイトへの入り口はLVMHがもともと持っているブランドの知名度ではなく、あくまで個々のコンテンツ。すぐに企業の売り上げやイメージアップにつながるわけではありませんが、長期的な視点に立てば、このほうが現在のインターネットの特性を生かしたブランディングになっている印象を受けます」

従来のファッションや高級品市場において、インターネットは「在庫を処分するための新しい販路」という位置付けだったと都築氏は言います。しかし、ソーシャルメディアが誕生して口コミが重視されるようになると、インターネットに求められる役割も、販路を確保するための「チャネル（channel）」から、ブランドの情報を積極的に発信するための「メディア（media）」に変わっていきました。

ＬＶＭＨがeLuxuryというｅコマースサイトのあとにデジタルマガジンを立ち上げたのも、この流れとピッタリ重なります。ちなみに、NOWNESSがローンチした２００９年はフェイスブックが先行していたマイスペースを抜き、世界最大のＳＮＳサイトになった年でもあります。

都筑氏が続けます。

「よく『ラグジュアリーブランドとインターネットは本質的に相性が悪い』と言われますが、私は必ずしもそうだとは思いません。単に高級品を販売しようとしたら難しいのかもしれませんが、情報を発信するための手段として見れば、これほど活用しがいのあるツールもないでしょう。eLuxuryに限らず、ＬＶＭＨはかなり早い段階からデジタルの持つ可能性に注目し、積極的な投資を行っていました。その試行錯誤の歴史とノウハウの蓄積があるからこそ、デジタルの分野においても、NOWNESSというブランディングの新しいモデルを作り上げることができたのです」

しかし、ある意味では地道なブランディングともいえるこうした施策が、ラグジュアリーブランドの企業、それも世界最大規模を誇るＬＶＭＨになぜ必要だったのでしょうか？

ブランディングの意義は将来のファンを育てること

ラグジュアリー業界におけるインターネットの役割がチャネル（販路）やメディア（情報発信）に変わっていくにつれ、ブランドとファッション誌を巡る関係にも変化が訪れました。インターナショナルモード誌『Ｎｕｍｅｒｏ ＴＯＫＹＯ』編集長の田中杏子《たなかあこ》氏がこう話します。

「ブログやソーシャルメディアが普及する前は、ファッションショーの情報を発信できるのは雑誌や新聞に限られていました。それがＷＥＢから情報を得るのが当たり前になり、カリスマと称されるファッション・ブロガーがマーケットを左右するほどになった。しかし、高級ファッションの情報がオンライン空間に開かれるほど、PV(ページビュー)を集めるのは結局、スキャンダルなネタに落ち着くというのもわかってきたんです」

例えばデザイナーが新しく発表したプロダクトについて、メディアが「これはどれほど美しく、画期的なのか」ということを熱心に説くよりも、「ミランダ・カー(カリスマモデル)が買いました!」などとキャッチを入れるほうが、ネットでは瞬間的な注目を集めやすい。ファッション業界で長く仕事をしてきた編集者として、そんな変化を実感すると田中氏は言います。

「もちろんそれ自体は仕方のないことだとは思います。ただ、そうした情報の注目度の高さほどは、売り上げのような具体的な数字につながっていないんです。今はもっと本質的に、どんな人がこのブランドを買ってくれるのか、そしてどんな伝え方をすればそういう人たちに情報を届けることができるのかを、ブランド側も、我々のようなメディアの人間も考えなければならない時期に来ています。LVMHがNOWNESSを立ち上げたのも、そうした変化にいち早く気がついたからでしょう」

価値観が多様化し、「何をラグジュアリーだと思うか？」という問いへの答えも人それぞれになった現在、ブランドがいくら情報を積極的に発信しても、商品の背景や文脈を読み解いてくれるリテラシーが消費者になければ、ほとんどが空回りで終わってしまいます。

「これは私が編集者だからかもしれませんが、ブランディングの本当の意義は将来のファンを育てることにあると思っているんです。特に高級品はTシャツ1枚を売るのとは違いますから、『本物』のすごさを理解してくれる人がいないと行き詰まってしまいます。必要なのは、自分たちが何者で、どんなカルチャーに属しているのかを辛抱強く伝えていくこと。だからLVMHはNOWNESSだけじゃなく、美術館をつくったり、新しい世代のクリエイターとコラボしたりと、どんどん挑戦の幅を広げているのだと思います」

そう田中氏が指摘するように、実際、NOWNESSのデジタルＥＶＰ（エグゼクティブ・ヴァイス・プレジデント）で、ＬＶＭＨのデジタル・メディア・ディレクター、カメル・ウアディは、米『ファストカンパニー』誌に「NOWNESSとはラグジュアリーに関する学びの場なのです」と語っています。

また、別のインタビューでは、このようにも説明しています。

「利益を上げることはNOWNESSにとって優先課題ではありません。サイトのデザインも広告スペースを入れることを前提にせず、ラグジュアリーを愛する人々に向けた情報発信の観点から行いました。（中略）もしメディアとして広告を入れるとしても、私たちが提供するラグジュアリーな体験を強化してくれるかたちを考える必要があるでしょう」

NOWNESSをラグジュアリーに関する無償の学び場と捉えるスタイルは、今も徹底されています。しかし、彼らはまったく利益を上げていないわけではありません。むしろ、場合によっては、ドルやユーロよりも貴重といえる資産を手に入れていると見たほうがいいでしょう。
それは、ユーザーの趣味嗜好に関するビッグデータです。

「何が好き？」というビッグデータからトレンドを読む

NOWNESSの特徴に、各コンテンツには「Love」というフェイスブックの「いいね！」のようなリコメンド機能がついています。動画を見た後にソーシャルメディアで友人に薦めたいと思ったら「Love」のボタンをクリックするという具合です。

しかも、この機能はユーザーがサイトにログインしておくことでカスタマイズされていきます。リコメンドや閲覧の履歴を学習し、ユーザーの好みに応じたコンテンツを「My NOWNESS」として自動的にセレクトしてくれるようになるのです。

企業側から見たとき、この機能が持つ意味は決して小さくはありません。サーバーに蓄積されたこのビッグデータを分析すれば、消費者の動向に関するかなり詳細な資料になるからです。NOWNESSを訪れるような感度の高いユーザーが、今、どんなコンテンツを面白いと思っているのか。その傾向がかなり具体的に浮かび上がってきます。

それをLVMH傘下の各ブランドにどれだけ反映させているのかは推測の域を出ませんが、ネットプロモーションにおいて、ユーザーの趣味嗜好に関するビッグデータを企業側が握ることは非常に重要であることは間違いありません。

2015年9月に日本でもサービスを開始した、アメリカ発のオンライン動画配信サービス「Netflix（ネットフリックス）」は、まさにこのユーザーの動向に関するビッグデータの把握と分析によって、瞬く間に全世界で6000万人を超える有料会員を獲得したことで知られています。

もともと定額制のDVDレンタルサービスをビジネスの中心にしていた同社は、インターネットの普及とともにDVDレンタルの需要が落ち込んだことに影響され、2011年にはオンライン動画へと完全にサービスを移行しました。

視聴は月額制で、会費は最安で8・99ドル（日本では650円から）。その料金を支払ってもらうためには、会員に「飽きさせない」仕組みを作らなければなりません。

もちろん魅力的なオリジナルコンテンツがあればいいのですが、初期の段階では、それほど潤沢な予算はありませんでした（後に『ハウス・オブ・カード』というオリジナルコンテンツで米ドラマ業界を席巻しますが、それはビジネスモデルを確立してからの話です）。また、オンライン動画市場にはすでにさまざまな企業が乗り出しており、コンテンツのラインナップで差別化することも決して簡単ではない状況でした。

そこでネットフリックスが注力したことは、ユーザーへの「リコメンド（おすすめ）」機能の精度を徹底的に上げること。ユーザーがどんなジャンルの動画を観たか、どんな映画であれば途中で観るのをやめてしまったのか、あるいは、どのドラマシリーズであれば最後まで観たのか……。そういったユーザー動向に関する細かいビッグデータを収集・分析し、「これを観ている人にはこれがおすすめです」と表示されるリコメンドの精度を上げていったのです。その結果、アメリカのユーザーが視聴した10本のうち、7〜8本はリコメンドに従っている状況となりました。

リコメンドのカラクリはこうだ。ネットフリックスはまず、すべての作品をあらすじや結末、出演者、制作時期に基づいてジャンル分けする。「母と息子をテーマにした1970年代の映画」「批評家から高く評価された40年代の犯罪映画」「日本のスポーツ映画」など、ジャンル数は実に7、8万種に上る。

個々の会員の視聴行動も分析。ある作品を見たときにいつ一時停止や早送りをしたか、何曜日の何時に見たか、テレビかパソコンか、自宅か外出先か。ネットを介しているからこそわかるデータを集積し、好みや視聴パターンを把握する。そして、「あなた」に近い別の会員のデータと照合し、まだ見ていないがたぶん好きになる作品を提示するのだ。⇓11

このようにWEBプロモーションにおいては、「あなたは何が好き？」というデータは企業にとってとても重要な財産なのです。ネットフリックスはサービスにユーザーをつなぎ留めておくための方法としてビッグデータを活用しましたが、トレンド産業の雄であるLVMHにとっては、ネットの向こう側でますます見えにくくなっている消費者の好みを知るために、ビッグデータを活用しているのでしょう。

デジタルに強い人材を積極的に招き入れよう

ここで「ＬＶＭＨにとってNOWNESSの役割とは何か？」という問いに戻りましょう。それは最先端のアートやライフスタイルを起点として、将来の顧客を育てるという意味でも、現在進行形のビジネスにおいても、多数のブランドを抱えるＬＶＭＨというコングロマリットのデジタルコミュニケーションにおけるハブになることです。

２０１２年にはNOWNESSで中国語の展開もスタートし、新興市場のマーケティングも意識しています。さらに２０１５年9月には、米アップルの元幹部、イアン・ロジャーズをＬＶＭＨの最高デジタル責任者として起用すると発表しました。ロジャーズはもともと、音楽配信サービス「Ａｐｐｌｅ Ｍｕｓｉｃ」のベースとなった「ビーツ・ミュージック」のＣＥＯを務め、同社がアップルに買収されたことで幹部となりました。以前にはヤフー・ミュージックにも参画しており、音楽を軸に、デジタルの分野においてカルチャーを発信し、ファンを育てることのエキスパートといえる人物です。

とはいえ、彼はラグジュアリー業界と関係がなかったどころか、「全身タトゥーの元スケートボーダー」であり、パンクやヒップホップのミュージシャンと親交が厚いことでも有名です。ＬＶＭＨの世界観と真逆のライフスタイルを送ってきたロジャーズの起用は、メディアに大きな驚きをもって報じられました。

しかし新しい分野への挑戦のためには、そんな起用も躊躇なくできてしまうことこそが、ＬＶＭＨの企業としての強さなのでしょう。ロジャーズ起用の報道に際し、ベルナール・アルノーＣＥＯは、「イアンはそのハイエンドのデジタル事業における豊富な経験とイノベーションを追求する精神を生かし、ＬＶＭＨがデジタルラグジュアリー部門を牽引していく際の力になってくれるはずです」とコメントしています。⇓12

思えば、ＬＶＭＨには１９９７年にも同じようなことがありました。ニューヨークで「グランジ」と呼ばれるストリートスタイル（穴があいたジーンズやほつれたセーターをあえて着るファッション）を打ち出して注目を集めたデザイナー、マーク・ジェイコブスをルイ・ヴィトンのデザイナーに起用したのです。当時、ジェイコブスはまだ30代半ば。伝統ある高級メゾンのデザイナーには若すぎるうえに、彼のセンスはストリートに寄りすぎている、だからルイ・ヴィトンにはふさわしくないと批判されたのです。

しかし、ジェイコブスのルイ・ヴィトンはコレクションのたびに大絶賛され、ブランドの成長の立役者となりました。ＬＶＭＨはロジャーズに、デジタル戦略におけるマーク・ジェイコブスの役割を期待しているのかもしれません。

現時点ではロジャーズがどんな事業に取り組んでいくのかは明らかになっていません。しかし、ＬＶＭＨという巨大な王者が、オンラインにおいてもイノベーターであり続けようとしているのは間違いなさそうです。

Chapter 3
Summary・まとめ

・物語を伝えることでブランドを差別化する

・ネットを販路ではなく「メディア」と捉える

・「本気のコンテンツ」がメディアの評価を上げる

・コンテンツに接したユーザーのデータを分析せよ

・イノベーションは異分野の才能がもたらす

中央がLVMHの最高デジタル責任者に就任したイアン・ロジャーズ。果たして、どんなイノベーションを高級ブランドビジネスにもたらすのか

Annotation・注釈

01 ベイン・アンド・カンパニー「2015年 高級品市場レポート」

02 YouTube「Marilyn and N°5 (30" version) - Inside CHANEL」https://www.youtube.com/watch ? v=r6AtDQZ8K28　こちらは30秒のコマーシャルフィルムだが、2分半のネット限定ヴァージョンもある。

03 DIGIDAY「シャネルはYouTubeで、いかにして業界ライバルに完勝したか?」http://digiday.jp/brands/chanel-blows-brands-away-youtube/

04 同記事より

05 フランク・ローズ『のめりこませる技術』P14〜15

06 WWD.COM「Chanel to Launch E-commerce in 2016」http://wwd.com/retail-news/direct-internet-catalogue/chanel-launching-e-commerce-10105120/

07 オウンドメディア（自社メディア）とは、企業が消費者への情報発信のために運営するメディア媒体のこと。近年はネット上の情報発信のために企業がオウンドメディアのサイトを開設する例が目立つが、その歴史は古く、紙媒体としても存在していた。その代表的媒体が、フランスのタイヤメーカー「ミシュラン」が自動車による観光促進のために発行した「ミシュラン・ガイド」である。

08 YouTube「The Official Ralph Lauren 4D Experience - New York」https://www.youtube.com/watch ? v=c3n8j2uWA8o

09 YouTube「The Official Ralph Lauren 4D Holographic Water Projection」https://www.youtube.com/watch ? v=ugBbTiBmZ2g

10 NOWNESS「HARUKI MURAKAMI DESIGN COMPETETION」（現在は公開が終了）

11 Business of Fashion「Digital Scorecard — NOWNESS」http://www.businessoffashion.com/articles/digital-scorecard/digital-scorecard-nowness

12 週刊東洋経済2015年5月23日号「特集 ネットフリックスがやってくる! NETFLIX 動画の覇者の正体」

13 AFPBB News「LVMH、デジタル部門強化狙い Apple Music 幹部を登用」http://www.afpbb.com/articles/modepress/3059382

Chapter 4

人々がブランドに求めるのは「お買い得」か「信頼」か

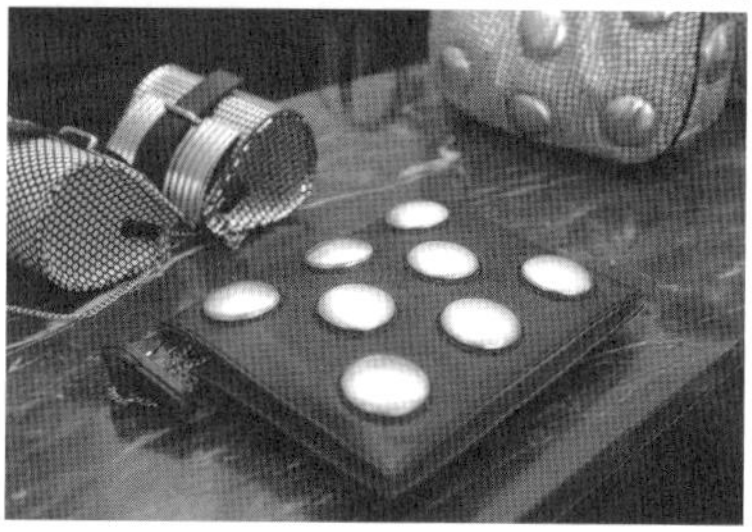

上／森林破壊ゼロを謳ったハンドバックコレクション「Gucci for the Green Carpet Challenge」。原産地や理念を紹介する「パスポート」が付く
下／「モードと環境の融合」をテーマにしたブランド、カルミナ・カンプス。アルミ缶の底や廃材などのゴミをファッションアイテムとして蘇らせた

ソーシャルメディア以降のブランディングを考えるうえで、デジタル戦略と同じくらい重要視されている活動があります。それは「ソーシャルグッド」と呼ばれる、社会貢献活動です。
ソーシャルグッドを直訳すれば、「社会に善い行い」といったことになるでしょう。代表的な例では、２０１４年に北米を中心に始まり、日本でも多くの人が参加した「アイス・バケツ・チャレンジ」が挙げられます。
ソーシャルメディアを通じて友人から指名を受けた人がバケツいっぱいの氷水をかぶり、次の人を指名する（あるいは氷水をかぶらず、単に寄付をしてもよい）。フェイスブックやYouTubeを活用することで、世界中に拡散していったこのキャンペーンは、筋萎縮性側索硬化症（ＡＬＳ）という難病の認知を広げ、その患者たちを支援するために行われました。結果的にＡＬＳ協会にはアメリカ国内からだけでも、1年で1億１５００万ドル以上の寄付金が集まり、キャンペーンは大成功を収めたのです。⇓01
このようなソーシャルグッドな取り組みは、企業プロモーションにも数多く取り入れられています。世界的な広告コンクールである「カンヌライオンズ」でも、

2013年頃からソーシャルグッドを標榜するキャンペーンがグランプリを受賞するケースが増えています。今や何も行っていない企業やブランドを探すほうが難しいほど、ソーシャルグッドはあらゆるビジネスの領域に広まっています。

しかし、企業の社会貢献活動そのものは昔から行われてきたこと。それがなぜ、近年になってビジネス面でも注目されるようになってきたのでしょうか？

ソーシャルグッドは「攻めのブランディング」

その背景には、やはりソーシャルメディアの普及があります。

人と人のつながりによって支えられているソーシャルメディアでは、どこの社長だとか、どこの学者だとか、そういった「肩書」はあまり役に立ちません。もちろん、最初は「肩書」を看板に注目を集めることはできるでしょう。しかしその後の行いによって、「この人、なんかヤダな」と思われてしまったら、相手からリンクを切られてしまいます。インターネットでリンクを失うということは、つながりを失うということであり、つまり相手の「信頼」を失ったことを表しています。しかもリンクでつながることはあまりにも簡単な一方で、信頼を取り戻すためには、現実世界と同様に非常に地道な努力と時間の積み重ねが必要です。

これは企業やブランドにも、まったく同じことが言えます。

どれだけ有名なブランドで、ファンがたくさんいても、その行いが善くなければ、ソーシャルメディア上ではいとも簡単に「つながり」を失ってしまうリスクがあります。しかもリンクを切った消費者は、その悪印象を口コミとして投稿し、拡散してしまうことも珍しくないのです。そうなればコツコツ築き上げたブランドイメージが、あっという間に崩壊してしまうことになります。

では、こうしたリスクを恐れて、ずっとおとなしくしていれば大丈夫なのでしょうか？

インターネットでは、ブランドにまつわる真偽不明な情報が誤って拡散してしまうこともあります。普段から積極的に情報発信をしている企業であれば、ただちに訂正することもできるでしょう。しかし、「自社にとって不都合な情報が拡散したときにだけ」人々に語りかけてくるようなブランドは、かえって「うさんくさい」「何かを隠しているに違いない」といった印象を持たれてしまいます。やっぱり黙っていても、ブランドイメージの崩壊を止めることは難しいのです。

そんな悪夢を防ぐためには、消費者に向けて「私たちは誠実な、信頼に足るブランドです」と普段から示し続けるしかありません。それも単にメッセージを発するだけではダメで、実際に行動が伴なっていなければ信頼には結びつきません。

ソーシャルグッドは言葉から連想される控え目なイメージとは裏腹に、実際はデジタル戦略と同じように、企業が能動的に行うべき、「攻めのブランディング」なのです。ソーシャルグッドがソーシャルメディアの普及とともに広がっていったのは、このような理由があります。

リーマン・ショックで好きなブランドの条件が変わった

しかもソーシャルグッドによって築き上げられる「信頼」は、消費者がブランドを評価するうえでますます重要な指標となっていることが、具体的なデータからも明らかにされています。

「企業と消費者の関係を考えるうえで、『信頼』は非常に重要になっています。ロゴのように単なるブランドの『名前』でモノが消費される時代は終わり、そのブランドの『中身』に人々が注視するのが当たり前になっているのです」

そう語るのは、電通ヤング・アンド・ルビカムのシニア・パートナー、戸川正憲《とがわまさのり》氏です。同社はアメリカの広告会社「ヤング・アンド・ルビカム」グループの一員として、世界51カ国、4万を超えるブランド意識調査のデータベース「BrandAsset® Valuator（以下、ＢＡＶ）」にもとづいたさまざまな分析やサービスを提供しています。

このＢＡＶの調査を元に、リーマン・ショック以降のアメリカ人における消費意識の変化をまとめた書籍『スペンド・シフト』（ジョン・ガーズマ、マイケル・ダントニオ著）によると、２００８年のリーマン・ショックに端を発する世界的な大不況により、ブランドに対する「信頼」は大きく失墜しました。その失われた信頼を回復するべく多くの企業がさまざまな活動を行っているのですが、ソーシャルメディアで企業の振る舞いが可視化された現状では、かつてないほどに「ビジネスの透明性」や「企業も社会の一員であるという自覚」が消費者から求められるようになっている、と戸川氏は言います。

「BAVの調査から見えてきたのは、アメリカではリーマン・ショック以降、日本では東日本大震災以降、急激な価値観の変化に直面した生活者の消費目的が、『とにかくお得なもの』ではなく、かと言って『自分の欲求を満たすもの』でもなく、『自分にとって本当に必要なもの』にシフトしていったことでした。そこで重視されるのは、そのブランドは自分がお金を使うに値するほど、社会的に『信頼』できるのか、そして、自分たちが使ったお金はちゃんと社会に還元してくれるのか。そうしたブランド活動の『中身』を人々が厳しく見つめるようになっていったのです」

しかもリーマン・ショックや東日本大震災があった頃は、当然のことながら日本もアメリカも経済的に苦しい時期でした。それにもかかわらず、「お得感」はそれほど強い売り文句にはなっていなかったというのです。これもBAVの調査から見えてきた意外な事実でした。

「実は不況だった頃でも、ブランドを評価するポイントとして『お買い得』は低い傾向がありました。一方で、消費者が欲しいと思うブランドで評価が高かったのは、『楽しみ』『伝統』『信頼性』『差別性』といった要素でした。また、『自分にピッタリと感じているブランド』の条件でも、『コストパフォーマンス』より、『親しみ』や『信頼』、『気軽に接することができる』といった要素が総じて高いスコアを示しました。つまり、人々はとにかく安いものが欲しいと思っているわけではなく、自分にとって魅力的で、信頼できるブランドであれば、それが高くてもお金を使ってもいいと感じているのです」

ソーシャルグッドは、消費者のそんな要求に応え、長期的な「信頼」関係を築き上げるための活動と言うことができます。

マーケティングの世界では、企業のソーシャルグッドな活動はＣＳＲ（Corporate Social Responsibility＝企業の社会的責任）、ＣＳＶ（Creating Shared Value＝共通価値の創造）、フィランソロフィー、コーズ・リレーテッド・マーケティングなど、さまざまな言葉で語られます。具体的な違いについてここでは触れませんが、要するに、企業が能動的にある取り組みを行うことで、社会的な問題（環境、貧困、差別など）の解決に関わっていく活動と理解すれば大丈夫です。

また、コミュニケーションストラテジストの岡本純子《おかもとじゅんこ》氏は雑誌『広報会議』で、ソーシャルグッドな取り組みが消費者に及ぼすインパクトについて、国際的な調査会社のニールセンのリポートを引用しながら次のように報告しています。

同社が２０１４年に60カ国３万人に対して行った調査によると、

- 67％がＣＳＲ活動に取り組む企業で働きたい
- 55％が社会・環境問題に取り組む企業の商品や製品に対しては、より多く支払ってもいい
- 52％が社会・環境問題へのインパクトがどれぐらいのものか見るために、パッケージを確認する
- 49％が社会・環境問題に取り組む組織でボランティアをしたり、寄付をした

りしている

という結果が得られました。⇓02

さらに、アメリカのコンサルティング会社「レピュテーション・インスティテュート」の分析によれば、「人々の企業に対するイメージの42％が企業のＣＳＲ活動に対する認識に起因するもの」であり、ソーシャルグッドな活動が人々が抱く企業イメージにもたらす影響は「日に日に大きくなってきている」というのです。

企業の社会貢献活動は、寄付や支援など、経済活動の「おまけ」のような印象を持たれがちでした。しかし企業への信頼が大きく揺らいだリーマン・ショック以降、消費者が企業のソーシャルグッドな活動に注目するようになるにつれ、ブランドの評価を左右し、収益に影響を及ぼすほどのインパクトを持ち始めています。

ルイ・ヴィトンが気仙沼の牡蠣養殖を支援した背景

ただ、企業のソーシャルグッドな活動を考える際にポイントになるのは、「そのブランドがなぜ『この問題』の解決に取り組むのか」という動機の必然性です。それがなければ、企業の活動を厳しく見つめる消費者から、「単なるイメージアップ」と受け取られかねません。

その意味で参考になるのは、ラグジュアリーブランドの社会貢献活動です。クラフトマンシップや伝統といった「ストーリーテリング」が命であるラグジュアリーブランドは、ソーシャルグッドな活動でも、「私たちはなぜ『この問題』の解決に取り組むのか」という必然性を「物語」としてわかりやすく伝えているからです。

ルイ・ヴィトンが震災以降、宮城県気仙沼市の牡蠣養殖産業の保護のために行っている「森は海の恋人」運動への支援を例に説明しましょう。

そもそもフランスのラグジュアリーブランドであるルイ・ヴィトンが、なぜ気仙沼の牡蠣養殖を支援するのか？　ルイ・ヴィトンの本業はよく知られているように、ものづくりの伝統にもとづいた高級トランクやバッグの製造・販売です。だから一見、牡蠣養殖の支援は本業とは関係のない慈善活動に感じられます。

１９８９年から「森は海の恋人」運動に取り組んできた、気仙沼の牡蠣養殖業者である畠山重篤《はたけやましげあつ》氏も、ルイ・ヴィトン社から支援の申し出があった当初、同じように感じたそうです。畠山氏は著書にこう綴っています。

震災発生からまだ日も浅い三月のある日、ルイ・ヴィトン社から、森は海の恋人運動に支援の申し出のメールが突然、届いたのである。ルイ・ヴィトンといえば世界を代表するラグジュアリーブランドだ。今までゴムの合羽と長靴の人生である。高級ブランドの世界とは縁遠い身だ。

メールの管理は二男の耕《こう》がしている。なにかの間違いでは、と問いただすと、パソコンの画面を見せられた。たしかに、「ルイ・ヴィトン」と出ている。だが、支援する側と受ける側の関係は微妙である。お互いの波長があうものでなければならないと思っていた。慎重に相手先の意向を確認するようにと、耕に言った。⇓03

しかしルイ・ヴィトン社が畠山氏に説明した支援の経緯は、決して本質的でないものではありませんでした。

牡蠣養殖の要となる海は、豊かな森があってこそ資源豊かな状態が保たれます。

「森は海の恋人」運動とは、気仙沼湾に注ぐ河川上流にある室根山への植樹を行うことで、恋人のような関係にある森と海をつなぐ活動です。

一方、ルイ・ヴィトンのルーツはトランク製作にあります。創業者の初代ルイ・ヴィトンはもともと、レイティエ・アンバルール（荷造り用木箱製造職人）として活動しており、木材で特別な箱を作る技術の優秀さから、職人として一流の評価を受けた人物でした。初代ルイは、その技術を生かしてトランク専門のブランドとして独立したのです。ルイ・ヴィトンのブランドのルーツには木材と、それを支える森林を大切にする思いがありました。こうした姿勢は社風として現在も引き継がれており、震災以前にも、日本の森の再生を目的にした「ルイ・ヴィトンの森」というプロジェクトを長野県小諸市で始め、今も継続して行っています。

気仙沼の牡蠣もルイ・ヴィトンのトランクも、ものづくりのルーツは豊かな森にある――。ルイ・ヴィトンの「森は海の恋人」運動の支援には、こうした必然性を持った「物語」が背景にありました。

しかも互いのつながりはそれだけに留まりません。50年前、フランスのブルターニュ地方の牡蠣が病気による壊滅的被害にあった際、宮城県産の種牡蠣（養殖牡蠣の稚貝）が送られ、現地の牡蠣産業を救ったという経緯もありました。「フランスから日本への恩返し」という「物語」もあったのです。

こうした幾層にも重なった「物語」を知って、ルイ・ヴィトンの牡蠣養殖支援を「単なるイメージアップ」と受け取る人はいないでしょう。これだけの必然性があると、ソーシャルグッドな活動はブランドが真摯に本気で行っているものとして評価され、消費者と絆を結んでいくことにつながっていきます。

グッチが「パスポート付きハンドバッグ」を発売

企業のソーシャルグッドな活動は、「社会的な問題」の支援や認知を高めることだけではありません。モノを作ったり、サービスを提供したりする「本業」自体が、問題解決に結びつくように工夫していくケースも増えているのです（ちなみに一般的に前者がＣＳＲ、後者がＣＳＶと区別されます）。

これは企業やブランドの事業そのものにも持続可能性を取り込み、社会をより良いものにしていこうとする活動といえます。ラグジュアリーブランドもいち早く取り組んでおり、例えばイタリアのラグジュアリーブランド、グッチは2013年にこんなバッグを発売しました。

それは「Gucci for the Green Carpet Challenge（GCC）」と名付けられたハンドバッグコレクションです。このバッグは世界で初めて、「レインフォレスト・アライアンス」という環境保護団体から、「森林破壊ゼロ」の認証を受けたレザー製品として話題になりました。名前には「レッドカーペットにも、環境に優しいグリーンな価値観を」という思いが込められています。

レインフォレスト・アライアンスとは、世界の森林保護を目的として、環境に配慮した製品やサービスの普及を目指す団体です。グッチのGCCバッグでは、ブラジルのアマゾン川流域にある牧場で生産されたレザーを使用しているのですが、レザーがこの認証を受けるには、「牧場運営で森林伐採を抑止すること」「野生動物の生息地を保護すること」「地元労働者の人権と福祉を尊重すること」など、厳しい条件が課せられます。グッチはブランドをあげてこうした問題に取り組むことで、世界のラグジュアリーブランドで初めて「森林破壊ゼロ」の認証を受けたのです。

認証の証として、原産地を示した「パスポート」と呼ばれる説明書まで付くこのバッグ。厳しい課題をクリアしてビジネスの透明性を実現したわけですが、どうしてグッチは、わざわざこんな特別な素材を使うことにしたのでしょうか?

当時のグッチでクリエイティブ・ディレクターを務め、GCCバッグを発案したフリーダ・ジャンニーニは次のように語っています。

「近年、ますますブランドの配慮ある企業活動、社会的責任が重視されています。グッチはメイド・イン・イタリーを体現するだけではなく、さまざまなサステナビリティ、人道的支援、フィランソロピー活動を通じて誠実な企業でありたいと思っています。今回のプロジェクトは、企業として森林破壊の問題に対する関心喚起と具体的なアクションを起こすことにより、環境問題に積極的に取り組む姿勢を示したいと考えました」⇓04

グッチはGCCバッグ以外にも、自然に還る生物分解性のリキッドウッドを用いたサングラスやシューズを発表するなど、環境問題の解決に取り組むラグジュアリーブランドの先駆けとして、環境に配慮した商品を数多くリリースしてきました。

ファッションにはこれまで、「浪費」や「自己満足」といったネガティブなイメージもありました。しかし商品自体に社会貢献を組み込むことで、素敵な商品を買うことが、自分だけでなく、世界の誰かにも良い影響を及ぼす、そんな好サイクルを生み出すことにつながっています。

そして現在、グッチのように既存のブランドが社会貢献を打ち出すだけでなく、社会貢献を自らのアイデンティティに据えたブランドも続々と増えています。

貧しい人々には寄付よりも、手に職を！

例えば、フェンディ創業者の孫娘にあたる、デザイナーのイラリア・ヴェントゥリーニ・フェンディが立ち上げた「カルミナ・カンプス」がそのひとつです。2009年のG8（主要国首脳会議）で、ミシェル・オバマをはじめ各国のファーストレディが同ブランドのバッグを提げて登場したことから注目を集めました。

まずデザインが特徴的です。主力製品はレディスのバッグで、高級ブランドの商品を製作する際に余った布やレザーの切れ端のほか、アルミ缶や空き瓶など、本来ならゴミとして捨てられてしまう廃材を活用して作られています。それを手仕事でバッグに仕立てることで、世界にひとつしかない「一点もの」にしているのです。その証明として、タグにはそれぞれ、使用された素材とシリアルナンバーが記載されています。

このブランドの目的は、バッグの製作過程のほとんどを「メイド・イン・アフリカ」にすることで、アフリカ女性の自立をサポートすることにあります。「Not charity, Just work（寄付ではなく、手に職を）」というコンセプトのもと、売り上げの一部を寄付するだけでなく、ケニアやカメルーンの貧しい女性にミシンを提供し、将来自立できるように職業訓練と労働の機会を提供しています。

また、他ブランドとのコラボレーションも積極的に行っており、ＢＭＷの「ＭＩＮＩ」とのコラボでは、衝突試験に使われた自動車の部品を使ってバッグを作っています。自動車のハンドルがバッグの持ち手になったり、シートの布を素材として使ったりすることで、本来は捨てられるはずだったものをファッションアイテムに生まれ変わらせているのです。

２００９年にＬＶＭＨグループの傘下となったファッションブランド「イード

ウン」も、ファッションビジネスを通じて、途上国に長期的な雇用を生み出すことをコンセプトに掲げています。同ブランドはU2のボノ夫妻（ボノと慈善活動家のアリ・ヒューソン）がオーナーを務め、ケニア、ウガンダ、タンザニア、インド、ペルーなどに工場を構え、アフリカ産オーガニックコットンを使った環境に配慮した服を生産しています。

ブランド創始者であるヒューソンは、「貧困にあえぐ現地の人々に、すぐに食べられる魚（援助）よりも、釣りざお（仕事）を差し出したい」と語っています⇓05。イードゥンも企業活動それ自体を通じて、社会の問題を解決していこうとするブランドなのです。

ここまで必然性を伴ったブランドの社会貢献活動を指して、「イメージアップのためのまがい物だ」と言う人はいないでしょう。

競合他社に比べて倍以上の愛着を得るブランドとは

人々はブランドの評価基準として、「信頼に値するかどうか」をますます重視するようになっています。しかし当然のことですが、「まがい物」を「信頼」する人はいません。他方、「見栄ばかり張っている」と思われても、一時的な注目は集まるかもしれませんが、やっぱり「信頼」はされません。「信頼」できるのは、正直で、人に優しい企業やブランドだと考えたほうが常識的です。

そしてそれは、数字の上からも証明されています。

前出のヤング・アンド・ルビカム社による書籍『スペンド・シフト』では、BAV調査をもとに、リーマン・ショック以降、「本物の」「親切な」「正直な」という項目のスコアで上位に位置したブランドが、「競合他社に比べてより高い評価を得ている」と伝えています。

同書によると、「本物の」「親切な」「正直な」印象を持たれているブランド、つまり「まがい物ではない」と消費者から思われているブランドには、ほかの企業と比べて、

・「強い愛着を抱いている」と答えられた割合が2・77倍
・「友人に薦める」と答えられた割合が2・14倍

・「上乗せ価格を払う価値がある」と答えられた割合が1・77倍

という反応が見られたといいます。⇓06

その代わりブランドを評価する基準として相対的に低くなったのは、「華やかな」「有名な」「流行りの」という項目でした。つまり、その時代のトレンドに依存し、活動が「本質的でない」イメージのあるブランドは、低い評価を受けるように変わっているのです。

こうした人々の意識の変化は、ある有名なファッションデザイナーの活動の変化にも反映されています。それはグッチやイヴ・サンローランのクリエイティブ・ディレクターを歴任し、現在は自身のブランドを手がける、トム・フォードです。

トム・フォードはなぜ心変わりしたのか？

1994年、経営不振にあったグッチのクリエイティブ・ディレクターに33歳の若さで就任したトム・フォードは、当時「古くさい」というイメージを持たれていたグッチにセクシャルなセンスを加えることで、新しい流行に敏感なミュージシャンや俳優たちの熱狂的な支持を得ました。歌手のマドンナが翌年のＭＴＶビデオ・ミュージック・アウォードで自分の衣装について説明しながら、「グッチ、グッチ、すべてグッチよ！」と叫んだことが象徴的です。

卓抜したマーケティングのセンスによりトレンドを先読みし、ファッションショーのサイクルである半年ごとにまったく新しいスタイルを生み出していく。結果、トム・フォードの就任から10年も経ずに、グッチの売り上げは約2億３０００万ドル（１９９４年）から約30億ドル（２００３年）とおよそ13倍にも達しました。

トム・フォードのグッチは日本でも大ブームとなり、本来はラグジュアリーブランドの顧客として想定されていなかった女子高生たちですら、こぞってグッチのバッグや財布を買い求めました。この影響はラグジュアリーブランド全体に広がり、グッチ以外のブランドも著しく業績を伸ばしていきました。トム・フォードは名実ともにファッション業界を代表するクリエイターとして君臨し、移り変わりの激しいトレンドの体現者となったのです。

しかし彼は、そんな自分が作り上げたファッション業界の新しいスタンダードに疑問を持つようになり、2004年4月、ついにグッチとイヴ・サンローランのクリエイティブ・ディレクターを辞任します。翌年には自身のブランド「トム・フォード」を立ち上げますが、かつて大ブームを巻き起こしたウィメンズウェアは発表せず、メンズのみのラインナップとしてスタートしました。

それから6年後、「トム・フォード」として初めてウィメンズのコレクションを発表することになるのですが、彼のファッションに対する意識はかなり変化していました。

当時、米『VOGUE』誌のインタビューで、トム・フォードは新しいウィメンズウェアのコンセプトについて、

「女性たちができるだけ長く着られる服を作りたかった。10年、20年が経っても、自分の娘に渡せるような服をね。クローゼットを開けたとき、僕の服がヴィンテージワインのように見えたら素敵だよ！」⇓07

と語っています。

さらに、トム・フォードがデザインしたグッチを熱狂的に買い求めてきた「グッチ・ガール」たちに対しても、「彼女たちは流行を追いすぎていた（She'd be too trendy.）」と一刀両断。「自分のブランドの服を着てほしい女性」の年齢も、「25歳から75歳」と定義しているのです。グッチを急成長させた「トレンドの先読み」は、もはや、どこかへ行ってしまいました。

この大胆な方針転換は、どうして起こったのか。その理由について、トム・フォードは「サステナブル・ラグジュアリー」というコンセプトを使って説明しています。

世界的ファッション・ジャーナリスト、スージー・メンケスが、インターナショナル・ヘラルド・トリビューン紙に書いた記事（2009年3月24日）によると、彼女が司会を務めた、インドのニューデリーでの「IHTラグジュアリー・コンファレンス」において、デザイナーのトム・フォードが、つぎのようなヒントをくれたのだという。

「私に『サステナブル・ラグジュアリー』というテーマを与えてくれたのは、実はワン・シーズンだけの最新流行バッグという概念の生みの親であるトム・

フォードだった。彼はモスクワで催された『最上のラグジュアリー』と題するパネルディスカッションで、すでにそのコンセプトが心地良くないと語っていた。さらに近い将来、環境に配慮したことを謳うタブのほうが、ブランドのロゴよりも消費者に強くアピールするだろう、と」⇓08

トム・フォードが提唱する「サステナブル・ラグジュアリー」とは、「持続可能なラグジュアリー」と翻訳することができると思います。しかし、単に環境に優しいだけでは、持続可能なファッションであっても、ラグジュアリーとは言えないでしょう。

前出の『VOGUE』におけるトム・フォードの発言も含めて考えれば、サステナブル・ラグジュアリーとは、その時々のトレンドを鋭く捉えた最新ファッションではなく、25歳から75歳までの世代を超えた人々から愛されるような「普遍的な高級品」でもあるはずです。

トム・フォードが手がけていた頃のグッチは、まさに「華やか」で「最先端」で「流行の」スタイルでした。しかし各種の調査からもわかるように、こうした特徴を強みとして掲げるブランドは、もはや今どきの消費者に響きにくくなっています。トム・フォードは素晴らしいデザイナーであるからこそ、こうした価値観の変化をいち早く感じ取ったのではないかと思うのです。

安さの裏側に世界中から疑惑の目が向けられている

インターネットの普及によって、これまで見えにくかった「社会の裏側」が見えるようになってきました。それはものづくりの裏側だったり、社会の仕組みの裏側だったり、あるいは、自分が働く企業やブランドの裏側だったりと、あらゆる情報がWEB上には散らばっています。

インターネットとソーシャルメディアが浸透した時代におけるビジネスのあり方を、「フラット化・オープン化・ネットワーク化」という3つの視点から提示した書籍『マクロウィキノミクス』（ドン・タプスコット、アンソニー・D・ウィリアムズ著）で、著者たちは「社会の裏側」が見えるようになった（＝オープンになった）状況を次のように指摘します。

「オープン」という言葉は幅広い意味を含み、その多くが好ましい意味合いである。たとえば、率直、透明、自由、真摯、柔軟、拡張的、近づきやすい、などがあげられる。とはいえ、今日の経済活動や社会の制度に「オープン」という言葉が使われることはあまりない。世間との情報共有という点に関しては、ほとんどの組織が「秘密主義を貫くのが当然」という態度だった。

（中略）

デジタル時代の到来により、賢明な企業は「オープン」の意味を見直し始めた。これは、従来のビジネスの常識に疑問が呈され、数々の重要な機能や制度が変わろうとしている証拠だ。なぜ変わろうとしているのか？　まず第一に、組織に選択の余地がない。世界は透明性を高めていく方向に進んでいる。今では、消費者に商品やサービスの適正価格が伝わり、社員は会社の戦略、経営方針、抱えている問題などを知ることができる。どちらも以前には考えられなかったことだ。⇓07

そのような状況下では、企業活動に必然的に「倫理」が求められると著者たちは言います。ビジネスによって「信頼」を得るためには、「誠意と思いやりと責任意識を持って、包み隠さずすべてを明らかにすること」が欠かせない。しかもそれは、ビジネスに倫理が求められる時代において、「個人や組織の利益になる」のです。

しかも世の中の「裏側」を公開することを求める人々の声は、日を追うごとに高まっています。

例えば、2014年の4月24日から始まり、世界66カ国に広まった「ファッションレボリューションデー」というキャンペーンがあります。参加の決まりはただひとつ。服を裏返しに着てブランドタグを見せた写真に、「Who Made My Clothes ?(私の服を作ったのは誰?)」というコメントを添えてソーシャルメディアに投稿すること。この日、世界中のツイッターやインスタグラムには、「#whomademyclothes?」というハッシュタグがつけられた写真が何万枚も寄せられます。

なぜ4月24日にそんなキャンペーンが行われるのか? それは2013年の同日に、バングラデシュの首都ダッカで起こった事故に由来しています。

現在、世界的なファッションブランドの工場はバングラデシュに多く集まっています。労働力が安く、低コストで服を作ることができるからです。ダッカにも、たくさんの縫製工場が並んでいます。

２０１３年の４月24日、そんな街の一角にある「ラナ・プラザ」というビルが倒壊しました。世界の大手ファッションブランドの下請け工場が多く入居し、それぞれのフロアに建物の限界を超える量のミシンが並んでいました。そのミシンが一斉に動くとものすごい振動になります。そのため、もともと違法建築の疑いがあり、決して丈夫とはいえなかったビルには、時間をかけて大きな亀裂が入り、とうとうこの日、倒壊してしまったのです。瓦礫の下敷きになり、工場で働く１０００人以上が亡くなりました。その多くは、若い女性だったと報じられています。

そこで作られていたのは、ベネトンやウォルマート、プライマークなど、若者たちが日常的に身に着けるファストファッションの服でした。⇓11 このニュースはインターネットを通じて世界中に拡散し、ファストファッションの顧客である若者たちは、自分たちの服作りのために同世代のバングラデシュ人が多く犠牲になったことにショックを受けたのです。

「ファッションレボリューションデー」はダッカの事故を受け、自分の着ている服が誰かの犠牲の上に作られているのかもしれない、誰かを傷つけることで手元まで届いているのかもしれない、そういった意識を持った若者たちを中心に始まり、ソーシャルメディアの呼びかけによって大きな運動となっています。

ブランド側はこうした声を無視することはできません。ファストファッションブランドのH&Mが、自社のウェブサイトですべての下請け工場の名前と所在地を公開しているように、事故と関係がなかったブランドでさえも、続々とビジネスの「裏側」を明らかにする方向に動いています。

もし企業やブランドが「裏側」を隠し続けようとしたら、何らかのきっかけで不都合な事実が明らかにされてしまった際に、致命的なダメージを受けてしまいます。ニュースは世界中に広がり、企業の活動に「正直さ」を求める声は、ソーシャルメディアを通じてあっという間に大きくなっていきます。そのような窮地から挽回するためには、隠し続けていた「裏側」を公開することで、少しずつ「信頼」を取り戻していくしかないでしょう。

しかし、もっと真っ当な方法は、「裏側」をできるだけ最初からオープンにしてしまうことです。カルミナ・カンプスやイードゥンのように、ブランドのアイデンティティに社会貢献を組み込んでいるブランドは、事業の全体が初めからオープンになっています。グッチのように長い歴史を持つブランドであれば、ＧＣＣバッグのように商品のものづくりの裏側をオープンにすることで、「正直さ」という付加価値を加えてもいいでしょう。

自分たちのものづくりに自信があれば、それは品質の証明にこそなれ、ブランドの価値を貶めることにはならないはずです。

差別化の３要素「本物の、親切な、正直な」

今は商品もサービスも、企業が生み出すあらゆるものが瞬く間にコピーされ、価値が平均化していく時代です。商品やサービスごとの誰でもわかる圧倒的な優劣の差というのは、ほとんどなくなっているようにすら感じられます。では、見た目や機能に大きな差がないとしたら、どこで自社の強みを打ち出せばいいのか？

このとき、「お買い得」や「新機能」を強みにしてしまうのが、多くの企業やブランドがとってきた行動でした。競合よりも安く。あるいは同じ価格で、もっと良い機能をつけなければならない。そうすることで差別化をしてきたわけです。

しかしここまで見てきたように、最近の調査では「お買い得」も「最新の」も「流行の」も、現在はそれほど人々に強く訴える要素ではないことがわかってきています。それよりも、「本物の」「親切な」「正直な」ブランドであること、つまり「信頼に足る」ブランドであると自ら示すことのほうが、人々から支持され、差別化につながるのです。

気仙沼で「森は海の恋人」運動を続けている前出の畠山氏は、運動への支援を申し出たルイ・ヴィトンの五代目当主に、パリ郊外のアニエールで初めて会ったときの印象を、次のように記しています。

アニエールに着くと、どっしりした体格のにこやかな紳士が出迎えてくれた。創業家五代目当主パトリック＝ルイ・ヴィトン氏である。開口一番、「私は牡蠣に目がありません。別荘のあるブルターニュは牡蠣の産地で、養殖組合長は親友です。五十年前、日本の牡蠣種苗がフランスの牡蠣を救ってくれたことも知っています。

このたびは津波被害で大変でしたね。お母さまを亡くされたそうで、お悔やみ申し上げます」

と言われた。支援についてお礼を述べると、こう語った。

「私は手技で仕事ができるということが、仕事の中でいちばん美しいと思っています。ルイ・ヴィトンにはそういった職人技に対する矜持を大切に扱うメンタリティがありますから、職人技である三陸のカキ養殖文化を支援することは、とても自然な流れだと思います。ぜひ養殖場を復活させてください。そのプロセスは私たちにとっても大きな刺激になるでしょう」

支援を受ける側に対して上から目線ではなく、むしろ一歩下がって友人のように接してくれる対応に学ばされるものがあった。⇓12

畠山氏はこのときの経験について、「まるで古い友人に久しぶりに会ったような気分である」と綴っています。そこから2人は意気投合し、パリと気仙沼にある1万キロの距離を超えた物語がつむがれていったのです。

Chapter 4
Summary・まとめ

・ブランド評価で「お買い得」の価値は下がった

・「新機能」「流行」ではもう消費者に響かない

・高評価を生むのは「信頼」「本物」「正直」

・イメージアップのための社会貢献は逆効果

・なぜ「その問題」に取り組むのかを明確に発信

服を裏返しに着用することで、「私の服を作ったのは誰？」と抗議する女性。
ファッション産業の裏側に対する監視の目はますます強まる一方だ

Annotation・注釈

01 CNN.co.jp「氷水かぶりの寄付 142 億円、世界で 1700 万人参加」http://www.cnn.co.jp/tech/35067471.html

02 広報会議 2015 年 10 月号「CSR 先進国のトレンド」

03 畠山重篤『牡蠣とトランク』P116

04 グッチの公式ウェブサイトより。http://www.gucci.com/jp/worldofgucci/articles/green-carpet-challenge-handbag-collection

05 朝日新聞デジタル「アフリカ ファッションの発信地へ」http://www.asahi.com/and_M/style/TKY201306050241.html

06 ジョン・ガーズマ、マイケル・ダントニオ『スペンド・シフト』P222

07 VOGUE「Mr.Ford Returns」http://www.vogue.com/865471/tom-ford-returns/#1

08 菅付雅信『中身化する社会』P24 ～ 25

09 ドン・タプスコット、アンソニー・D・ウィリアムズ『マクロウィキノミクス』P52 ～ 53

10 同書 P60 ～ 61

11 Yahoo！個人・伊藤和子「ファッションレボリューションデーに考える。あなたの着る服が少女たちの搾取労働で成り立っていたら…？」http://bylines.news.yahoo.co.jp/itokazuko/20150424-00045093/

12 畠山重篤『牡蠣とトランク』P119 ～ 120

Chapter 5

ブランドが売るのは「モノ」ではない

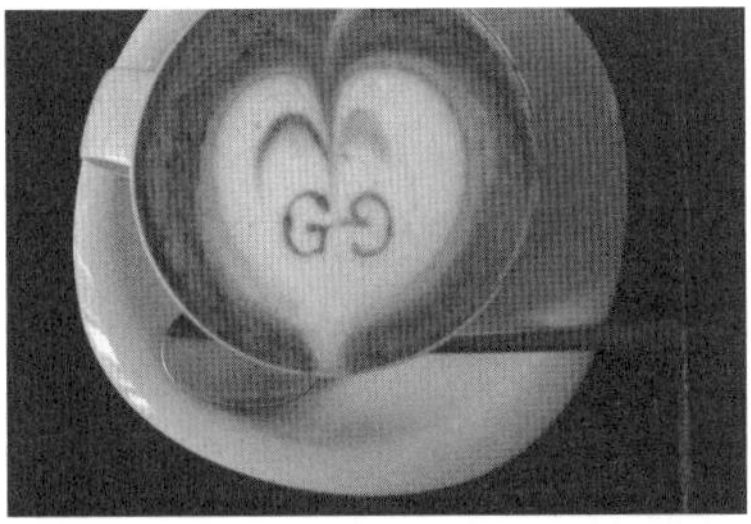

上／東京・銀座のグッチ・カフェではロゴをラテアートにしたラテが人気メニュー。商品を買わなくても、来店した体験がシェアされて口コミを生む
下／銀座のアルフレッドダンヒルにはバーカウンターやラウンジが併設。ラグジュアリーブランドの店舗はもはや商品を売るだけのスペースではないのだ

前章では消費者を「お買い得」で動かすことが難しくなっている現状を説明しました。その代わりにブランドの評価基準として重視されているのは、「信頼」という要素です。

この商品を買ったり、サービスを利用したりすることで、世の中にも良い影響がもたらされますよ。企業やブランドが人々に本気で語りかけ、実際に社会貢献というかたちで行動に移す。そうすることで信頼を集め、少しずつ絆を築いていく。

ソーシャルメディアによって「人や企業の中身」や「社会の裏側」が見えるようになってきた現代では、そうしたオープンな態度をとることが、企業やブランドの評判を高め、消費者とコミュニケーションしていくうえで必要になってきています。

人は「モノ」をめぐる「環境」も含めてお金を払う

しかしもうひとつ、忘れてはならない要素があります。それは「これにお金を払うことが楽しい」と思ってもらうことです。

そもそも企業やブランドが社会貢献を取り入れ始めたのも、「世の中に善いことをしている企業にお金を払うほうが気持ち良いし、楽しい」と思われるようになってきたからだったはずです。Ｃｈａｐｔｅｒ１で紹介した「コンフォート」というアメリカのポートランドを中心に生まれたムーブメントも、「丁寧に作られた、手作りのモノを消費するほうが心地がよい（＝コンフォートだ）」という気持ちが、今どきの消費者に広がっているから注目されたものでした。

そう考えると、人々が何かを買うとき、対象の「モノ」だけにお金を払っているわけではないことが見えてきます。商品をめぐる「環境」も含めて、人はお金を払っている。だからこそ、バッグや服や時計といった「モノ」に、高い品質だけでない「物語」という付加価値を加えて提供するラグジュアリーブランドに、平均的な価格よりもたくさんのお金を支払うわけです。

今はビジネスのあらゆる領域で「モノが売れない」という声が聞かれます。しかし一部の生活必需品を除いて、私たちはずっと「モノ」それだけを購入してきたわけではありません。だから「モノが売れない」ということの本当のところは、「モノを売るために求められている環境が、変わってしまった」というように理解したほうがいいと思うのです。

では、新たに「モノを売るために求められている環境」とは何でしょう？

従来のモノを売る環境では、「機能」や「お買い得」、そして「新しい」や「流行の」といった、わかりやすい売り文句にあふれていました。

しかし技術が広まっていくと、「機能」の追求はライバルもどんどん進めていきます。市場には次々と「新機能」をアピールする商品が投入され、消費者にとってはどこがどう違うのか、ほとんどわからないような状況になってしまいます。

しかも新商品は、ライバルを一歩でもリードしようと短いサイクルで生み出されていきます。すると今度は、少し待てば新しいモデルが発売されるため、「新しい」ことも魅力的ではなくなります。この「コモディティ化」にまで行き着いてしまった企業に残された戦略は、従来の発想では、とにかく「1円でも他社より安く売る」くらいしかありません。

ただ残酷なことに、品質を維持しながらコストを削り、低価格で一番になろうと必死に努力しても、肝心の消費者が「お買い得」のアピールで心が動かなくなってしまっています。「機能」や「安い」に頼る売り方は、とても消耗するのに、ほとんど報われないのです。

今求められているのは、「新しい」でも「お買い得」でも「流行っている」でもない、違うやり方で人々にアピールする「モノを売るための環境」を考えることです。しかもそれは「お金を払うことが楽しい」と思われるやり方でなければなりません。ヒントは、ラグジュアリーブランドの戦略にあります。高級品は低価格競争を呼び込む「コモディティ化」が命取りにつながってしまうので、「機能」や「安い」に頼らないアピール方法を考えなければ生き残れないからです。

それではここ最近のラグジュアリーブランドは、「モノを売るための環境」をどのように考え、どう対応しているのか？　それを探るため、まずはイギリスのラグジュアリー・メンズブランド「アルフレッドダンヒル」（以下、ダンヒル）の店舗戦略を見ていきましょう。

バーバリーやスパをそなえるダンヒルの店舗戦略

２００７年12月、東京・銀座にダンヒルの新しいコンセプトショップ「Ｔｈｅ

HOME」がオープンしました。ブランドの本拠地ロンドンに先駆けてオープンしたこの店舗のコンセプトは「男性の理想的な隠れ家」。新店舗にはダンヒル製品のショップだけでなく、バーやラウンジ、そしてバーバー（理容室）が併設されています。商品を購入しなくても、ふらっと立ち寄って、身だしなみを整え、一杯飲んでから銀座の街に繰り出すことができる。そんな「男の隠れ家」というコンセプトを体現する場所に生まれ変わったのです。

その翌年に完成したロンドンのボードンハウス店はさらに設備が充実しています。ココ・シャネルとのロマンスでも有名な、ウェストミンスター公爵の邸宅だった瀟洒《しょうしゃ》な館を丸ごと改築し、バーバーのほか、ホームスパにプライベートシアターまでそろえました。銀座店と同じように、ダンヒルの顧客でなくともこれらのサービスを利用することができます。

利用する人の目的によってさまざまな顔を見せるダンヒルの店舗は、しかしすべての要素が「英国紳士」というブランドのDNAによって統一されています。そのため、商品を買わなくても、店舗に訪れるだけでダンヒルのブランドを「体験」することができるようになっているのです。

1893年にイギリスで創業したダンヒルは、もともと馬具を中心に展開するブランドでした。それが「英国紳士の理想的なライフスタイルを体現する」というアイデンティティのもと、自動車の関連商品に始まり、レザーアイテムや香水、スーツなど、「大人の男」の人生にまつわる多様な商品へとラインナップを広げていきました。

ラウンジやバーバーまで提供する新店舗には、売り物のラインナップに「モノ」ではない「サービス」まで含まれています。ダンヒルのマーケティング・ジェネラルマネージャー、渡辺《わたなべ》尚有《ひさなお》氏がこう説明します。

「ショップ内にバーバーやスパが入っていると聞けば、珍しく思うかもしれません。しかし、ダンヒルを『大人の男性にモノを売るブランド』ではなく、『大人の男性のライフスタイルを支援するブランド』と捉え直せばどうでしょう。バーバーもスパも、どちらもスーツをきれいに整えることと同じように、紳士の身だしなみには欠かせない『商品』です。モノだけでなく、こうした『体験型のサービス』まで含めて提供することで、ダンヒルが男性のラグジュアリーなライフスタイルを提案するブランドであることを、より深く感じてもらうことができると思っています。

そもそも、ダンヒルは『ロゴ』を見せつけることを想定して商品を展開していくブランドではありません。商品でもサービスでも、あくまで大人の遊び心をくすぐることをブランドのDNAに据えています。その意味では、お客様にはまず店舗に通ってもらい、ダンヒルの世界を好きになってもらうことが大切です。『The HOME』という名前の通り、ラグジュアリーであってもエクスクルーシブではなく、誰でもリラックスして楽しめる雰囲気を作っていきたい。こうした店舗になった背景には、そんな意図があったのです」

実際、銀座店のリニューアルは好意的に受け止められました。バーバーは予約で埋まり、ラウンジをデートの待ち合わせスポットとして利用する人も現れています。そうした変化は、商品の販売にも良い影響を及ぼしていると渡辺氏は言います。

「これはビジネスの実感としてあるのですが、お客様に『この空間は心地がよい』と感じてもらえれば、高い確率でリピートしていただけるようになります。店舗がサロンのようになり、ショッピング以外の目的で銀座を訪れたときにも、思わず立ち寄りたくなる空間として受け入れてもらっているのです」

店舗で「モノ」を売るだけではなく、バーバーやスパ、そしてラウンジでの食事といった「心地のよい体験」を提供する。それが結果としてリピーターを生み、ブランドのファンを増やす――。このような試みを行っているのは、ダンヒルだけではありません。

2000年代に東京でオープン、またはリニューアルしたラグジュアリーブランドの旗艦店には、カフェやレストラン、アートギャラリーなどが必ずといっていいほど併設されています。

例えば、銀座のシャネルには、カフェ「ル・ジャルダン・ドゥ・ツイード」とレストラン「ベージュ アラン・デュカス 東京」があり、料理からインテリアまで、シャネルの世界観を丸ごと体験できるスペースになっています。また、同じく銀座の「メゾンエルメス」には、カフェのほか、エルメスが独自の視点でセレクトしたアートや映画の発信を行う「フォーラム」や「ル・ステュディオ」が用意されています。

これらのラグジュアリーブランドに見られる、「店舗は商品の販売スペースから、ブランド体験スペースへ」とでもいうべき変化は、何を意味しているでしょうか？

CDが売れなくてもライブには人が集まる

博報堂ケトル共同CEOの嶋浩一郎《しまこういちろう》氏は、広告コミュニケーションの変化を例に、こうしたラグジュアリーブランドの店舗戦略について、次のように解釈します。

「一般論として、従来の広告コミュニケーションはマスに向けたメッセージの発信が主な役割でした。今はソーシャルメディアが浸透し、消費者にとって情報のチャンネルはますます多様化しています。すると、シンプルなメッセージの『伝達』よりも、人々の『体験』をどうデザインするかが問われるようになってきました。例えば、これまでの広告は『3000万人が週に10回見る

CM』というように、リーチ（到達数）とフリークエンシー（頻度）で評価されてきました。しかしそれ以上に、現在の広告コミュニケーションでは、『このブランドは自分のためにある！』と思ってもらえるような『ブランド体験の深さ』を与えられるかどうかが問われています」

その回答のひとつとしてラグジュアリーブランドが行っているのが、店舗における「心地がよい体験のデザイン」なのです。さらに嶋氏は、「この変化は音楽業界でデジタル配信が普及した結果、かえってライブが人気になっているトレンドと同様」だと指摘します。

実際、音楽業界におけるライブの集客数は、2003年からの10年間で約2倍にも増加しました。⇓01 これはCDの生産数が縮小傾向にあることと見事に対照的であり、ラグジュアリーブランドが店舗でのリアルな体験を重視するようになった時期とも重なります。

「今はインターネットやソーシャルメディアに情報があふれているからこそ、

『そこに行かなければ味わえない』リアルな体験の価値が上がっています。WEBでは、人は情報自体をシェアするのではなく、何かに触れることで生まれる体験や感情をシェアします。広告のメッセージではなく、『今日のライブすごく良かった』『スパが快適だった』『バーバーで新しい髪型にした』といったことをつぶやき、友人たちが『いいね！』してくれるわけです。ソーシャルメディア時代では、リアルな体験を提供することがもっともダイレクトに感情に訴え、ブランドの世界観を広くシェアしてもらう方法なのだと、ラグジュアリーブランドは経験的に知っているのでしょう」

そして、ダンヒルの例からもわかるように、ブランドの世界観を体験してもらうことは、顧客のロイヤリティ（忠誠度）を高めることにもつながります。いわゆる、「お得意様」になってくれる可能性が高まるのです。

宇宙旅行やエベレスト登山に富裕層が殺到

音楽業界でデジタル配信が普及した結果、「リアルな体験」を求めてライブに人が殺到する。これと同じことは今、ラグジュアリー市場でも起こっています。

経営コンサルティングファームのボストン・コンサルティング・グループ（BCG）が2014年1月に発表したラグジュアリー市場の調査レポート⇓02は、近年、バッグや時計などの「モノ」を購入する高級品消費に比べて、ホテルや旅行といった「体験型ラグジュアリー」の消費が非常に大きな市場規模を持つようになった現状を紹介しています。

同レポートによると、2013年時点での世界のラグジュアリー市場は「1兆8000億ドル規模」に及んでいます。そのうち、ファッションや時計、宝飾品といった「モノ」のラグジュアリー商品の市場規模は約3900億ドル。それに対して、旅行、ホテル、食事などの「体験型ラグジュアリー」は約1兆ドル。つまり、「モノ」のラグジュアリー市場の倍以上の規模にまで成長しているのです。

ラグジュアリー市場でも「モノ」より「体験」が求められている。そのことを表す例として、世界の富裕層の間では、ここ数年、「エベレスト登山」がブームとなっています。

２００３年５月時点での登頂者数は延べ約１６００人。ネパール観光省によると、現時点（筆者注：２０１３年まで）で登頂者は約４０００人で登山者急増は止まらない。同省は今年だけで５００人近くが登ったとしている。

背景には、商業登山ツアーの充実と増加がある。エベレストのような高峰は当該国への入山申し込みや協力者の雇用など煩雑な作業が多いが、ツアーはこれを肩代わりする。登山中も専属ガイドやポーターが付き、経験を積んだ登山家でなくても世界最高峰に登れると銘打ち、富裕層に人気となっている。

エベレストの場合、ネパール当局への許可料が１人当たり１万～２万５０００ドル（約１２０万～３００万円）。参加料全体では５００万円以上がざらだが、人気は衰えない。⇓03

究極の「体験型ラグジュアリー」として、「宇宙旅行」も富裕層から注目を集め、まだ民間旅行会社のプランは実現していないものの、応募が殺到しています。

「宇宙旅行の参加者は、宇宙愛好家よりも富裕層の応募が圧倒的」。そう語るのは、クラブツーリズムの浅川恵司《あさかわけいじ》・宇宙旅行部長だ。同社では01年に宇宙旅行クラブが作られ、当初は愛好家中心に数百人がメンバーになっていた。ところが、05年に民間旅行会社米ヴァージンギャラクティックと提携し、実際に参加者を募集したところ、費用が約2000万円かかることもあって、応募してきたほとんどが富裕層だった。

ヴァージン社の宇宙旅行は、出発前に米国で講義や実技講習、健康診断を受け、問題がなければ飛行機型ロケットで宇宙に旅立ち、無重力空間に4分間滞在するという内容だ。

米タウリグループの予測によれば、将来的には、約5億円以上の金融資産を持つ米国人富裕層の5％近くが宇宙旅行に興味を持ち、旅費を実際に払うという。もともと富裕層には旅行が趣味の人が多い。700万円以上もの費用をか

けて南極点を訪れる富裕層も少なくない。「世界中を旅した富裕層は、究極の旅先として宇宙を選ぶ」（浅川部長）。⇓04

富裕層たちは「モノ」の消費欲が満たされているため、もともと「体験型ラグジュアリー」に興味を持ちやすい傾向はありました。しかし今度は普通の旅行にも飽きてしまい、より得難い体験を求めて、エベレストや宇宙への旅行に意欲を燃やしているのです。

ここでは極端な旅行の例を挙げましたが、富裕層でなくとも、先進国に暮らす人々は、すでに「モノ」への欲求はそれなりに満たされています。スターバックスが、コーヒーそのものというよりも、ゆったりとしたソファに腰かけて過ごす「空間」と「時間」を売ることで業績を飛躍的に伸ばしたように、「モノ」より「体験」にお金を使いたいと考えているのです。

実際、スターバックスの新卒採用ページには、「私たちがここにいる理由」として、こんな言葉が掲げられています。

スターバックスの店舗には、毎日多くのお客様が訪れます。サードプレイス（自宅や学校、職場に次ぐ第3の場所）としての安らぎと意義を守りながら、ひとり一人のお客様の日常にちょっとした驚きや感動、楽しさをもたらす〝スターバックス体験（感動経験）〟を創り出すのが、私たちのビジネスです。⇓05

スターバックスはここではっきりと、「自分たちは単にコーヒーを売るだけのブランドではない。店舗にいる時間と空間そのものがもたらす『スターバックス体験』を売っているのだ」と宣言しています。1兆ドルという巨大な「体験型ラグジュアリー」の市場は、そのような「モノ」を超えた体験を求める消費意欲の広がりによって支えられています。

体験型の消費なら他人と経験をシェアできる

そんな「体験型ラグジュアリー」のなかでも、特に大きな割合を占めているのは「旅行・ホテル」です。BCGのシニア・パートナー&マネージング・ディレクターの津坂美樹《つさかみき》氏は、その背景を次のように分析します。

「体験型ラグジュアリーのうち、『旅行・ホテル』というカテゴリーだけでも、およそ半分にあたる約４６００億ドルもの市場規模があります。この規模からわかるように、体験型ラグジュアリーは世界各国、あらゆる地域でラグジュアリー消費の強力な推進力となっていますが、特に先進国ではその傾向が顕著です。その理由は、消費者がラグジュアリー消費に求める価値観の変化にあります」

第一に、社会が成熟していく過程で「モノ」の消費に対する欲求が満たされてしまったことがあります。そして、第二の理由は、ソーシャルメディアに慣れ親しんだ今どきの若者たちが、互いのつながりを重視するようになったことに由来しているといいます。どういうことか？

「モノ自体の消費よりも、他人と消費の経験を共有できる『体験型ラグジュアリー』のほうが、今どきの若者たちは『お金を払ってもいい』と感じやすいのです。それは要するに、同じ値段で高級バッグを買うよりも、例えば友人やパートナーと旅行に行き、良いホテルに泊まり、それについて話し合うことを『贅沢な経験』だと感じるようになってきたということです。ラグジュアリー商品が売れなくなったわけではありませんが、近年でもっとも成長著しい分野が、ホテルや旅行といった『体験型ラグジュアリー』であることは間違いありません」

こうしたニーズに対応するため、モノを作り、売ることを生業としていたラグジュアリーブランドも、「体験型ラグジュアリー」市場の盛り上がりに応えるべく、さらなる展開を始めています。その一例が、ダンヒルのように店舗を「ブランド体験スペース」に変えていくことでした。

空間に滞在する時間を通じて、ブランドの世界観を体験してもらい、ファンを増やしていく。そうした変化の帰結としてもうひとつ目立ってきてるのは、「ホテル事業」へのラグジュアリーブランドの参入です。

ラグジュアリーブランドのホテルが続々誕生

2013年、イタリアのラグジュアリーブランド「ヴェルサーチ」と、ホテルグループの「リッツ・カールトン」がパートナーシップを組み、高級ホテル「パラッツォ・ヴェルサーチ」をアジアに初進出させると発表しました。場所は世界中から富裕層が集まるマカオ。2017年にオープン予定で、「ヴェルサーチ」ブランドのホテルとしては3つ目となります。

近年のラグジュアリーブランドはアジアの新興市場に大きな期待を寄せています。ヴェルサーチのホテルの初進出は、そうした動きを象徴するものとして、日本でも話題となりました。

実はヴェルサーチは、ラグジュアリーブランドの中でもいち早くホテル事業に進出をしたブランドです。最初にオープンしたのは2000年、オーストラリアのゴールドコーストでした。館内の調度品のほとんどをヴェルサーチでまとめ、現代のリゾート地にイタリア貴族の宮殿のような世界を作り出したこの「パラッツォ（＝宮殿）」は、国際的なホテル評価で最高の5つ星を超える「6つ星」を当時、ホテル業界で初めて獲得しています。

高級ジュエラーのブルガリも、２００４年という早い時期からホテル事業に乗り出してきました。ヴェルサーチと同時期に中国での開業も発表され、こちらは上海にオープンする予定です。両ブランドは後の成功も含め、ラグジュアリーブランドにおけるホテル事業進出のパイオニアとして認められています。

現在では、アルマーニ、モスキーノ、ミッソーニ、マルタン マルジェラといった高級ファッションブランドのほか、バカラのような高級クリスタルブランドに加え、世界最大の高級ブランドグループ「ＬＶＭＨ（モエ ヘネシー・ルイ ヴィトン）」も、ホテルをプロデュースしています。

特にＬＶＭＨは、２００６年にフランスのアルプス地方で新たなホテルブランド「シュヴァル・ブラン」を開業したことを皮切りに、エジプト、オマーンと規模を拡大。シュヴァル・ブラン名義以外でも、２０１３年8月にはカリブ海のリゾート地、セント・バーツ島の5つ星ホテルを買収するなど、かなり積極的にホテル事業に取り組んでいます。シャンパンやファッション、高級時計などで構成されたＬＶＭＨのブランド・ポートフォリオの中でも、ホテルは重要な位置を担うようになっています。

これほどラグジュアリーブランドがホテル事業に熱心になっているのは、その滞在時間の長さと、衣食住のすべてにおいてブランドの世界観を丸ごと体験してもらえる点にあります。いわば、ホテルとは「ブランド体験スペース」の究極の形態なのです。

現代のラグジュアリーブランドは、ファッションブランドならファッションだけ、時計のブランドであれば時計だけを扱っているわけではありません。むしろ、ヴェルサーチが家具や食器といった高級家庭用品も扱うことでホテル事業に進出したように、生活全般に関わる商品をプロデュースする「ライフスタイルブランド化」が進んでいます。

実際、2010年にドバイの超高層ビル「ブルジュ・ハリファ」に初めてのホテルをオープンしたアルマーニは、インテリアからアメニティまで、創業者のジョルジオ・アルマーニが自ら手がけており、それぞれのアイテムは世界中のショップで販売されています。ラグジュアリーブランドのホテルには、「巨大なショールーム」という側面もあるわけです。

建築家の谷尻誠《たにじりまこと》氏は、ラグジュアリーブランドがホテル事業に参入することの意義について、次のように評価します。

「僕はラグジュアリーブランドがホテルを手がけるのはすごく自然だと思います。もともと高級品の価値は、『本物の高品質な洋服を着れば心地よい』といった体験にあるはずだからです。それを知ってもらうことが、結果として商品の購買にもつながっていく。その意味で本物に出会い、触れ、使うことができるホテルほど、ラグジュアリーブランドのショールームに適した空間はないでしょう」

しかし、ここには難しさもあります。ラグジュアリーブランドのホテルは、空間を丸ごと使ってブランドの統一された世界観を伝えるためにあるのですが、そこが弱点にもなるというのです。

「完全に統一されたラグジュアリーな空間では、どれだけ豪華にしてもやがて陳腐化してしまいます。ひとつの価値観しかない世界だと、ラグジュアリーな体験に飽きるのも早いわけです。空間の設計における新しい高級感とは、僕は既成概念を壊すことにあると思います。ラグジュアリーホテルといえば、高級に飾られている空間を誰もがイメージしているはずです。でも本当は、そこがチャンスなんです。イメージを逆手に取り、人々に驚きを与えるような体験をデザインすることで、より強くブランドを印象づけることができます」

そうした「意外性を含んだブランド体験」を、ホテルでうまく表現しているラグジュアリーブランドがあります。先ほども例に出た「ブルガリ」です。

2004年にミラノに初めてオープンした「ブルガリ ホテル」は、高級ジュエリーのブランドが手がけるホテルであるにもかかわらず、市内の中心部にある元修道院をリフォームすることで開業しました。都市の真ん中にありながら、リゾート地のような静寂の空間を作り上げることを目指したのです。その狙いは成功し、当時、「ヨーロッパでもっとも高級なホテル」という評価を得ました。

続く2つ目の「ブルガリ ホテル」では、今度は地球の反対側、インドネシアのバリ島に開業しました。ここは断崖絶壁の上に建つホテルとして有名で、人里から離れた手つかずの自然の中に、豪華なヴィラが並んでいます。東南アジアの大自然を抜けたら、周辺の環境からは想像もできないような贅沢な空間が広がっているわけです。そんなホテルに滞在した経験は、人の記憶に深く残ります。

宝飾品のブランドというイメージを逆手に取り、訪れる人に驚きを与える「ブルガリ ホテル」のポリシーは、「絶対にほかでは体験できない空間を提供する」こと。ブルガリは単純にホテルを豪華絢爛にデザインするのではなく、期待を良い意味で裏切るサプライズを大切にしています。そうすることで、ほかのブランドと差別化された、ブルガリというブランドならではの「体験型ラグジュアリー」を作り上げているのです。

こうしてラグジュアリーブランドによる「体験型ラグジュアリー」への進出は、ホテルにまでたどり着きました。前出のＢＣＧレポートで「旅行・ホテル」がもっとも市場規模の成長が著しいカテゴリーだったように、この分野にはまだまだ伸びしろがあります。

それだけに、ラグジュアリー業界以外のブランドからも参入が始まっています。

靴やバッグのカジュアルブランドとして知られる「カンペール」が、バルセロナとベルリンにホテルをプロデュースしているのです。同ブランドの哲学である「カジュアルな洗練」を表現した空間は、歴史あるヨーロッパの都市の街並みにも溶け込み、世界中からやって来る観光客だけでなく、地元の人にも親しまれています。こうした動きは、今後も増えていくことでしょう。

買い物における「体験」の影響力を脳科学が解明する

ラグジュアリーブランドによる「体験型ラグジュアリー」の取り組みは、ホテルで完成したわけではありません。

２０１４年１月にはＬＶＭＨがパリに現代美術館「Fondation Louis Vuitton（ルイ・ヴィトン財団美術館）」を完成させました。世界的建築家のフランク・ゲーリーによる雲をイメージしたデザインが目を引く美術館で、展示場やホール、屋内庭園などをそろえています。パリ・コレクションのシーズンには、ルイ・ヴィトンのファッションショー会場としても使用されています。

また、アルマーニはホテルだけでなく、マンション事業にも進出しています。フィリピン、インドといった新興国のほか、これから中国でもブランドがプロデュースする高級マンションを手がけていくと発表しています。⇩06

ほかにも、高級車とのコラボレートや家具のプロデュース、邸宅のデザインなど、ラグジュアリーブランドはものづくり企業の枠を超え、人々のライフスタイルと密接に関わる領域へとビジネスを拡張し続けています。

広告やマーケティングの業界では、こうした変化はよく、「これからのブランドは『モノ』ではなく、『コト』を売る」と表現されます。「コト」とは旅行やホテルでの宿泊、さらにはレストランでの食事やアート鑑賞のような「目に見えない経験価値」を指しています。つまり、お金を払うことによって「何を手に入れるか（所有価値）」ではなく、「どんな体験ができるのか（経験価値）」。それをワクワクするものとして提示することが、今のブランドには求められているというわけです。

しかしものづくり企業の「本業」は、「モノ」を売ることのはずです。いかに魅力的な「ブランド体験スペース」を作っても、ちゃんとモノの購買に結びつかなければ、意味がないのではないか……。そんな疑問も湧いてきます。

実は現在、ショッピング体験を脳科学の知見によって分析する「ニューロマーケティング」の分野から、「購買意欲は商品そのものだけではなく、意識的に作られた『雰囲気』にかなり影響される」ということがわかってきています。

1980年代からテレビCMと脳波の関係について研究し、アメリカで「ニューロマーケティングの父」と呼ばれる研究者、デイビッド・ルイスは著書の中で、次のように語っています。

「雰囲気（atmospherics）」という用語は、ノースウェスタン大学でマーケティングを担当していたフィリップ・コトラー教授の造語であり、30年以上前の定義によれば「意識的に作られた空間で、来店客に特定の心理的影響を与えて購入するように仕向けるのが目的」である。

コトラーは、グランバザールのような無計画で自然発生してきた市場から、科学的に設計された多くの感覚に訴えるショッピングモールに移行すると予測していた。その考えに一部の小売業者は強い関心を示したが、実際に変革に動き出す店は少なかった。小売業界の考えが変わり始めたのは、大手小売業者が他社との差別化によって集客を増やす必要を感じ、消費者の意思決定が合理的ではなく、無意識や感情に強く左右される事実が科学的に解明されてきたためである。

最近では顧客ロイヤリティを高めて収益につなげるには、ショッピングを面倒な雑事から、楽しい経験に変えなければならないという認識が広がりつつある。⇓07

ショッピングを「楽しい経験」に変えるための方法の一例が、さまざまな手段で買い物中の消費者の五感を刺激することだ、とルイスは言います。そのわかりやすい例が、「あえて店内でパンを焼く」ことです。

今日では、そこそこの大きさのスーパーマーケットでさえ、店内にパン屋のスペースを設けている。パン屋にしてみれば、ひとつの工場で集約的にパンを作り、それぞれの店に配ったほうが便利でコストもかからないにもかかわらずである。焼きたてのパンの匂いが空腹感を刺激することで、客がパンだけでな

く、他の食品も——冷凍食品でさえ——買ってくれるようになることを経営者は知っているのである。⇓08

パンが焼ける香りを通じて嗅覚を刺激することで、脳に「買いたい欲求」を起こさせることができるのです。嗅覚だけでなく、視覚や聴覚、さらには触覚を刺激しても、同様の効果が望めます。

これをカフェやレストランをそなえるラグジュアリーブランドの店舗に置き換えてみましょう。ただ美しく商品を陳列するよりも五感が刺激され、ブランドに対して、より強い愛着を抱くことになります。

また、ラグジュアリーブランドのホテルのように、五感を刺激する「体験」のすべてが、ひとつのブランドの世界観で統一されていたらどうでしょう？　脳が感じるすべての刺激がブランドに関連付けられ、そのブランドの印象が強烈に残ることは間違いないように思われます。

五感を刺激する、という意味では、提供されるものが飲食でなくとも有効です。ダンヒルの「ＴｈｅＨＯＭＥ」のようにスパや理容室をそろえてもいいでしょう。

体験を軸にコミュニケーションの好循環を生む

そして、もしカフェやスパのような体験型の設備がない店舗でも、工夫をすれば「体験」を通じて顧客の五感を刺激することができます。

例えば、大手書店チェーンのジュンク堂は2014年11月から、ジュンク堂の店内に1泊2日で泊まることができる「ジュンク堂に住んでみるツアー」を定期的に行っています。お風呂やシャワーはないものの、食事を持ち込むことは自由で、丸一晩、店内で好きなように本を読んだり、ひたすら寝たりすることができるのです。

とあるユーザーの「ジュンク堂に泊まってみたい」というツイッターのつぶやきから始まった、「本の虫」の夢を叶えるこのイベント。初開催時の募集ではわずか5日間で、3組の当選枠に3000組近い応募があったといいます。イベントは好評となり、翌年には大阪でも開催されました。⇓09

「書店」という典型的な「モノ」を売ることに特化した場所でさえ、知恵を働かせれば「五感を刺激する体験」を提供することができます。そこにはリアルな体験を求める人々のニーズが、ちゃんとあるのです。

その「五感を刺激する体験」は、ソーシャルメディアにおけるシェアの起点にもなります。大事なことなので繰り返しますが、ソーシャルメディアとは「人と人をつなぐツール」です。ブランドの広告や商品の情報がシェアされるのではなく、前出の嶋氏も指摘したように、「今日のライブ、すごく良かった」「スパが快適だった」「バーバーで新しい髪型にした」といった「体験」が、フェイスブックやツイッターや動画サイトに投稿され、共有されるのです。

ジュンク堂のイベントが、ツイッターのつぶやきから始まったことは象徴的です。それは人々による「こういう体験をしてみたい」という企業への無意識的な要望でした。それを実現してみたら、今度は「楽しそうな体験だ」と興味を持った人々が、その情報をシェアし、ソーシャルメディアを通じて拡散していきました。その結果、たった3組の応募枠に3000組もの申し込みが殺到したのです。

さらに、実際にイベントに参加した人々の経験は、またソーシャルメディアを通じてシェアされていきます。「体験」を軸にして、企業と消費者の間に、コミュニケーションの好循環が生まれたわけです。

このように、ソーシャルメディア時代だからこそ、「五感を刺激する体験」は、ブランドの世界観を広くシェアしてもらう方法としても重要なのです。

Chapter 5
Summary・まとめ

・モノよりも体験にお金を払う今どきの消費者

・リピーターを生むのは五感を刺激する体験

・「わざわざ行く価値」がなければネットに負ける

・リアル店舗を「ブランド体験スペース」とみなせ

・体験はソーシャルメディアの口コミの起点になる

ブルガリ２軒目のホテルとなった「ブルガリ ホテル バリ」。あえて断崖絶壁の大自然の中につくることで「究極のラグジュアリー体験」を際立たせた

Annotation・注釈

01 東洋経済オンライン「10年で客2倍! 進化する音楽ライブビジネス」http://toyokeizai.net/articles/-/19001

02 BCGレポート「世界のラグジュアリー市場は1兆8000億ドル規模」

03 日経新聞2013年6月3日朝刊「登山者激増、環境破壊も　エベレスト初登頂から60年」

04 週刊東洋経済2013年6月1日号「会員制クラブから宇宙旅行まで　富裕層のめくるめく消費最前線」

05 スターバックス・コーヒー・ジャパン「新卒採用2016」の会社紹介文より

06 AFPBB News「「アルマーニ / カーザ」、高級マンション開発で中国市場に初進出」http://www.afpbb.com/articles/-/3053926

07 デイビッド・ルイス『買いたがる脳』P144～145

08 デイビッド・ルイス『なぜ「つい」やってしまうのか 衝動と自制の科学』P104

09 Fashionsnap.com「前回の当選倍率は約1000倍「ジュンク堂に住んでみる」が関西初開催」http://www.fashionsnap.com/news/2015-09-24/junkudo-stay-no2/

Chapter 6

「若者の車離れ」を あきらめないために

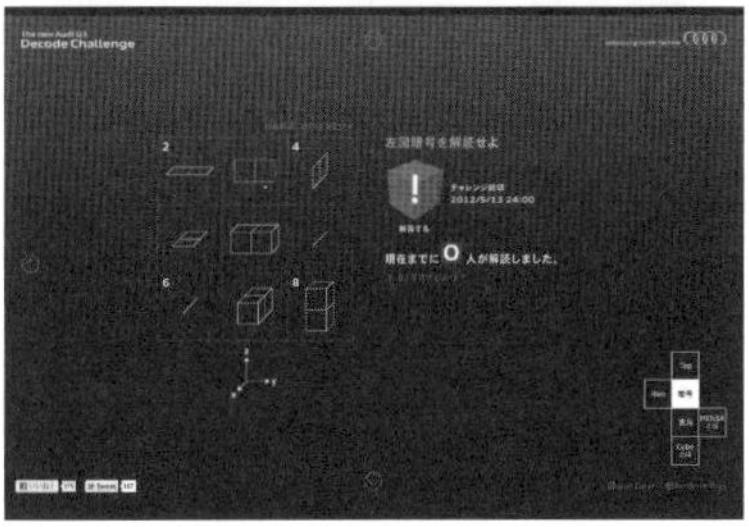

上／レクサスが2013年にオープンした「INTERSECT BY LEXUS」。ライフスタイルショップやカフェをそなえ、「車を売らないショールーム」を実現
下／アウディが「Q3」のキャンペーンで開設したサイト。暗号からブランドのメッセージを解読してもらう参加型の試みは自動車ファン以外にも話題に

高級車市場は今、どのメーカーも将来への不安を抱えています。その原因は、先進国における「若者の車離れ」です。若者が車に乗らなくなっているということは、高級車メーカーにとって、将来の顧客を失う恐れがあるということ。しかも彼らにリーチしようと思っても、そもそも車に興味がないため、高級車にありがちな「この車はスゴいぞ!」といった機能やステータスを強調する宣伝も刺さらない。では、どうするべきなのか……? 同じような悩みは自動車業界に限らず、さまざまなジャンルで働く人々が抱えていることでしょう。

本章では、そんな課題と向き合っているブランドの例として、2つの高級車メーカーを取り上げます。

まず、リーマン・ショック以降、ほかの高級車メーカーが軒並み業績を落とす中でも販売台数記録を更新し続けた、アウディ。そしてもう一社は、2015年に日本展開10周年を迎え、「日本発のラグジュアリーブランド」としての地位を確立すべく、新たな展開を見せているレクサスです。

まずは本題に入る前に、現在の高級車をめぐる状況を確認しておきましょう。

若者に車が売れない原因はソーシャルメディア？

本書の執筆時点で、世界的に高級車の販売台数は上昇し続けています。

特にドイツの高級車メーカー、ＢＭＷ、メルセデス・ベンツ、アウディの3社は好調で、２０１４年には世界の年間販売台数で各社が、創業以来最高記録を達成しています。

また、レクサスは北米でドイツの各社と販売台数を競い合い、日本でも年間販売台数の記録を更新し続けています。いずれの高級車メーカーも業績は好調です。

しかし、先行きは決して安泰とはいえません。それは先進国を中心に、「若者の車離れ」がどんどん進んでいるからです。その原因についてCＮＮの記事を、少し長いですが紹介します。ここには「車離れの原因」が非常に複合的で、いかに解決していくのが難しいか、わかりやすくまとめられているからです。

同記事ではアメリカの18歳から34歳までの世代で新車購入をする割合が、２００7年からの5年間で30％も落ち込んでいるデータを、自動車販売サイトを運営するエドムンド・ドット・コムの調査をもとに紹介。そのうえで、若者世代が車を買わなくなってきている原因が、リーマン・ショックによる不況以上に、「ソーシャルメディアの台頭」にあると指摘しています。車に乗って出かけなくても、ソーシャルメディアを通じて友人と交流できるようになったからです。

運転免許取得年齢の引き上げ、乗車人数の制限、携帯電話の使用規制など、車をめぐる規制も強化される中で、「自由」を与えてくれる存在としての魅力は、車よりもインターネットのほうが大きくなったのかもしれない。

コンサルタント大手デロイトの調査では、18〜24歳の若者の46%が、車を持つことよりもインターネットに接続することのほうを選ぶと回答した。同社の専門家は「私にとって、自動車に乗ることは友人に会いに行くことだった」「彼ら（若者）にとって、車は自分を友人から切り離す存在だ」と指摘している。

米自動車大手ゼネラルモーターズの広報は「（かつては車が）通過儀礼だった。今は携帯電話がなくてはならないものになった」と話す。

ベビーブーマー世代にとって、車の購入、大学卒業、結婚、自宅購入、子どもを持つことは、30歳までに達成すべき5大通過儀礼だった。しかし現在、30

歳以下の層でこのすべてを達成しているのは40%に満たない。

さらに、ベビーブーマー世代の30%が「車大好き」を自称し、「カマロ」「コルベット」「ジープ」などの目立つ車を購入していたのに対し、車好きを自称する若者は15%に満たず、購入するのもより実用的なモデルだという。

それでも自動車メーカー各社は、景気が良くなれば若者もまた車を買ってくれるようになると期待をつなぐ。「誰もが都会に住んでいるわけではなく、車なしではやっていけない」とエドムンドの担当者は言う。

一方、自動車関連でコンサルタント業務を行う米デロイトの専門家は、車なしの生活が長引くほど、若者はその生活に慣れてしまうだろうと予想している。

⇓01

記事は２０１２年に掲載されたものですが、日本で暮らす私たちの実感に照らし合わせても、こうした傾向はますます強まっていると感じられます。

しかし、さっき例に挙げていた高級車は、そもそも若者をターゲットにしていないから、こうした問題とは関係ないんじゃないの？　という指摘もあるでしょう。

ですが、記事の最後でも指摘されているように、若者が車に触れることがない生活に慣れれば慣れるほど、車が欲しいとは思わなくなってしまいます。そうすると、未来に待っているのは「若者の車離れ」どころか、「熟年の車離れ」です。

車を持たない若者が成長すれば、車に関心がない熟年になり、当然、高級車へのニーズも著しく落ちてしまいます。もし将来、地方への移住などで車が必要になっても、もともと車に対するあこがれが薄いので、たとえお金に余裕があったとしても、「移動手段」としての価値しか見出さない可能性が高い。そのときコストパフォーマンス以外で重視されるのは、環境性能くらいのもの。だから「若者の車離れ」は、高級車メーカーにとって死活問題なのです。

アウディがサッカーやアメフトを支援する理由

「若者の車離れ」に向き合うためには、「車を買ってくれそうな人々」に自社の車をアピールするだけではなく、世の中に「車を持つって楽しい」という「空気」を、さまざまな手段によって作り出していかなければなりません。

ショールームで待っていても、向こうからやって来てはくれない人々。テレビで大々的に新車のＣＭを流しても、もともと関心がないために、情報をスルーしてしまう人々。今までブランドと接点を持っていなかった人々と、いかに接点を持つか。車という「モノ」に興味がない人たちに、どうやって車の魅力を伝えていくのか。必要なのは、そういった視点の新しいＰＲ方法です。

少なくとも、エンジン性能が云々といった「スペックのスゴさ」を取り上げても、車自体に興味がない人たちには響かないでしょう。メーカーはブランドの持つ世界観を、車に興味がない人たちにも「伝わる」ように翻訳していかなければなりません。車を前面に出さずに、車の魅力をアピールするという離れ業が必要になるのです。

これに成功したのが、創業１００年を超える老舗メーカーのアウディです。前述したように、アウディは世界の自動車メーカーが軒並み大きなダメージを負ったリーマン・ショック以降も右肩上がりの成長を続け、ＢＭＷ、メルセデス・ベンツと高級車市場で熾烈な首位争いを繰り広げています。これは日本でも同様で、アウディジャパン社長の大喜多《おおきた》寛《ひろし》氏によると、日本での販売台数は２００６年から

8年連続で成長し続けているといいます。⇓02

その成功の秘密は、一貫したプロモーション戦略から見えてきます。

例えば、スポーツへの支援を見てみましょう。

アウディで特に知られているのは、ヨーロッパのサッカークラブチームへの支援です。スペインのレアル・マドリード、FCバルセロナ、イタリアのACミラン、ドイツのバイエルン・ミュンヘン、ハンブルガーSVといった世界最高峰のチームとパートナーシップを結び、そこで活躍するスーパースター級の選手たちは、アウディの最新モデルに乗っています。

2009年からは、隔年でドイツのサッカートーナメント「アウディカップ」も主催しており、世界中のサッカーファンに「サッカーで高級車といえばアウディ」という印象を与えています。

また、日本でも2014年までサッカー男女代表のスポンサーだったほか、2012年にはアメリカンフットボールの日本選手権大会「ライスボウル」のスポンサーも務めていました。

なぜ、自動車メーカーがサッカーやアメフトを支援するのか？

この問いかけに前出の大喜多社長は、「〝知的さ〟に敏感な層の取り込みを狙い、戦略性の高いスポーツを選んで支援している」と答えています。⇓03

サッカーやアメフトはフォーメーションや作戦が多彩で、その戦術に多くの注目が集まるスポーツです。そのため、こうしたスポーツを支援することは、アウディに「知的なブランド」というイメージを与えることになると判断しているのです。

この「知的」という要素は、アウディのプロモーション戦略を紐解くためのキーワードです。それが顕著に表れている例として、2012年4月にアウディジャパンが新モデル「Q3」のキャンペーンのために行った「The new Audi Q3 Decode Challenge」というウェブプロモーションを紹介しましょう。

「暗号」と「宇宙」で潜在的な顧客を掘り起こす

この「The new Audi Q3 Decode Challenge」というプロモーションは、WEBサイトで展開されました。画面には9つの図形とわずかなヒントだけが並び、サイトにアクセスした人はその法則を解くことを促されます。

「暗号」を作成したのは、国際的なスーパー頭脳集団「MENSA（メンサ）」の日本支部。人口の上位2％の知能指数（IQ）を有する人だけが入会を許される、イギリス発祥のエリート団体です。そんな団体が作成した暗号だけあり、解くことはかなり難しく、出題期間中の1カ月間、ネット上では解き方をめぐって侃侃諤諤《かんかんがくがく》の議論が巻き起こりました。

おそらく、このプロモーションに影響を与えたのは、2004年にグーグルがシリコンバレーの道路沿いに掲載した求人広告でしょう。

それは不思議な広告でした。どこにもグーグルのロゴはなく、何の広告かを示す説明文すらなかったのです。真っ白な背景に掲載されていたのは、「{eの値中の、最初の連続する10桁の素数}.com」という数学の問題らしき文言のみ（実際は英文）。ほとんどの人には、これが何を意味するのかわからないものでした。

この問題を解いても、広告の意図はまだわかりません。難解な問題の答えの数字を入れた「7427466391.com」というURLにアクセスすると、さらに別の問題が用意されており、そこに正解を入力することで、ようやくグーグルの研究開発部門のサイトにたどり着くのです。

そのページには、「グーグルの構築を通して我々が学んだことのひとつに、自分が何かを探しているとき、向こうも自分を探している場合のほうが見つかりやすいということがある。我々が探しているのは、世界最高のエンジニアであり、あなたこそその人なのだ」⇓04と書かれおり、そこで初めて謎の問題が同社の求人広告だとわかる仕組みになっていたのです。

数学の難問をスラスラ解くような優秀な人材を募集するために、あれこれと言葉を並べるのではなく、数学の難問そのものを広告にしてしまう。アウディのプロモーションも、知的な要素に興味を持つ人々を惹きつけるために、車の機能性について言葉を並べるのではなく、知的好奇心をくすぐる問題をサイト上に掲載しました。そうすることで、ブランドと親和性が高いにもかかわらず、高級車そのものに興味がなかった人たちにまで、アウディのブランド認知を広げることに成功したのです。

さらに2015年8月には、スポーツカー「TT」の新モデル発表に合わせ、「宇宙」を活用した大々的なプロモーションを行いました。

最初に公開されたのは、「Audi Space Hologram Projection」という動画コンテンツです。高度3万メートルの成層圏まで、ホログラム投影装置と撮影用カメラを搭載した気球を打ち上げ、地球にめがけて新型「ＴＴ」が発射される映像を宇宙空間に投影。それを撮影することで、本当に宇宙から「ＴＴ」が落下してくるような映像を作り上げました。

これは日本各地の新モデル発表イベントと連携しており、今度は「Audi TT Landing, Japan」として、宇宙から飛来した「ＴＴ」が、比叡山延暦寺、鳥取砂丘、銀座ソニービルなど、日本のさまざまな名所に「着陸する」というイメージのイベントが実施されました。

宇宙と関連したプロモーションはほかにもあります。本国ドイツでは「Mission to the Moon」というプロジェクトを進めており、月面無人探査レースに出場するチームをアウディが支援することで、アウディの中核技術である「４ＷＤ（クアトロ）」を活用した無人探査機を月面に送り込もうとしているのです。

前章でも触れたように、「宇宙」は今や、世界中の富裕層もあこがれる最後のフロンティアです。それをただイメージとして引用するのではなく、本当に成層圏まで気球を飛ばして映像を撮影したり、月面に自社のテクノロジーがたどり着く可能性を追求する。そうすることで、他社にはなかなか真似できないアウディ独自のプロモーションを作り上げました。それだけのこだわりが、高級車に興味がない人にも「さすが」とうならせることにつながっているのです。

アウディにおいては「暗号」も「宇宙」も、人々の知的好奇心を刺激する要素として広告に採用されています。こうした「知性」を軸とするアウディのプロモーション戦略は、車づくりにおいても徹底されていると、アウディジャパンのマーケティング本部部長、青木雄一郎氏は言います。

「アウディは創業以来、『Vorsprung durch Technik（技術による先進）』というブランド哲学を掲げ、先進性や洗練といった知的なエンジニアリングの要素を重視してきました。そのため近年の新モデルには、音声認識システムやグーグルと連動したカーナビ、車内Ｗｉ－Ｆｉ機能など最新のテクノロジーを搭載しています。また、『e-tron』のようなＰＨＥＶ（プラグインハイブリッド車）や燃料電池自動車の開発にも注力しています。各種のプロモーションで『知性』を中心に据えているのは、こうした新しい車づくりがトレンドに沿った一過性のものではなく、アウディのブランド哲学と密接に結びついたものであると知ってもらう狙いがあるのです」

暗号や宇宙を活用したプロモーションにスポーツの支援、そして製品に至るまで、アウディの戦略は「知的刺激に敏感な人々へのアプローチ」という点で一貫しています。こうしたメッセージの明確さによる潜在的顧客の掘り起こしが、同社の成長を牽引しているのです。

「これは自分のためのブランドだ」と思わせる方法

アウディの「知性」を軸にしたプロモーションについて、雑誌『BRUTUS』編集長の西《にし》田《だ》善《ぜん》太《た》氏は、「特にレリヴァンシー（relevancy）が高い」と評します。

レリヴァンシーとは「関連性」、すなわち「ブランドのメッセージが、相手にどのくらい『自分ごと』として響くか」を表す言葉です。レリヴァンシーを高くしていくことは、潜在的顧客の掘り起こしを狙うブランドのプロモーションにとって欠かせない要素といえます。

では反対に、プロモーションのレリヴァンシーが低いとどうなるか?

今やテレビや雑誌だけでなく、ソーシャルメディアやニュースアプリと、人々が日常的に接する情報のチャンネルは増え続けています。ブランドのメッセージは情報の海に飲み込まれ、消費者に届きにくい。そうした中で、ブランドがターゲット像を明確にすることなくメッセージを伝えようとしても、ほとんどの消費者には「自分には関係のないもの」として「スルー」されてしまいます。

しかしアウディは「知性」にテーマを絞り、一貫したメッセージを発信しています。そうすることでブランドの印象がぼやけることなく、メッセージを届けたいと思っている人々に、しっかり届けることができているのです。西田氏が言います。

「リーマン・ショックなどを経て、坂の上の雲を目指して頑張れば良い生活が待っているというイメージが崩壊した結果、『いつかは、クラウン』のような社会的なステータスの高さをブランドの価値に求めるやり方では、もはや人々とつながれなくなっています。しかし、アウディは知性や教養というステータス以外の魅力を感じさせることで、知的なもの、先進的なものに興味がある人々にとって、『アウディは自分のためにある車だ』と感じさせることに成功しています。まさにプロモーションのレリヴァンシーの高さが、ほかの高級車にはない、アウディのブランドとしての強さを支えているのでしょう」

高級感を見せびらかすことよりも、知的なイメージを重視するアウディの姿勢は、現代のカリスマたちのイメージとも重なります。ド派手な高級ファッションに身を包んだ大富豪ではなく、デニムとタートルネックをユニフォームとしながら、知性とセンスで世界の頂点に立ったスティーブ・ジョブズのような存在を連想させるのです。

実際、ウォール・ストリート・ジャーナルの記事によると、⇓05 アメリカにおけるアウディの買い手の美的な好みは「アップルの『iPhone』によって形成されており、その多くの人たちはアウディ車のシンプルなデザインと搭載されたハイテク・マルチメディア・システムなどのディテールに引き付けられている」と結論づけています。しかも同記事では、それが「新しい高級」であるとも指摘しているのです。

「ますます複雑化、不確実化する世界の中で、エグゼクティブ層が下す日々の判断にはいっそうの合理性や広範囲の知性が求められるようになっています。彼らは、それゆえにアウディの哲学に共感するのでしょう」

そう語るのは、グローバルリーダーを育成するスイスの世界的ビジネススクール「ＩＭＤ」北東アジア代表の高《たか》津《つ》尚《なお》志《し》氏です。

高津氏は成功や地位、富の象徴としてではなく、自分のアイデンティティのあり方、美意識を示すものとして車選びをする態度がエグゼクティブ層にまで広まっているとしたうえで、アウディ好調の理由を、こう分析します。

「高級車は機能面での高品質がすでに『前提』になっており、それだけでは差別化ができません。品質が与える左脳的満足は当然のものとして、さらに右脳的刺激を提供できるか。どんな『遊び心』を加えて、感性にも訴えていくか。

その『遊び心』の部分で、各ブランドが個性を競っています。アウディは知的好奇心の刺激というツボを見つけ、一貫したコミュニケーションを重ねてきました。そのツボが時代の流れの中で、より多くの人々に効くようになってきたのだと思います。だからこそアウディは従来なら購入を検討していなかった人々にまで、シェアを拡大することができたのです」

車が主役ではないショールームをつくったレクサス

アウディは「知性」を軸にすることで、ほかのブランドとの差別化と、潜在的な顧客の掘り起こしに成功しました。一方、レクサスは「機能性を前面に出さないプロモーション」という意味では共通するところがありながらも、アウディとはまた違ったかたちで、この問題に向き合おうとしています。

その象徴的な存在ともいえるのが、2013年8月に東京・青山にオープンした「INTERSECT BY LEXUS」（以下、インターセクト）というショールーム（?）です。なぜショールームと言い切れないかというと、このインターセクトは「車を売ることが目的の場所」ではないからです。ここはあくまでも、「レクサスのブランド体験スペース」がコンセプトなのです。

1階にはコーヒースタンド、2階には食事ができるビストロ、さらに日本の職人が手がけた雑貨が並ぶライフスタイルショップもそなえており、肝心の車はコンセプトモデルが1台展示されているだけです。来店しても、一切セールスをされることはありません。

こんな変わったショールームを作った理由とは何か？　レクサスインターナショナル・ブランドマネジメント部部長の高田敦史《たかだあつし》氏が、こう説明してくれました。

「従来のレクサスでお客様から高く評価されていたのは、『品質』や『サービスの満足度』といった部分でした。一方で、『感動』『革新』といった感情的なイメージは弱い印象を持たれていた。そこで高い品質やホスピタリティは維持しながらも、もっと感性に訴えかける要素、レクサスが考える『心がワクワクするような体験』をブランドとして打ち出していく必要性を感じていたのです」

つまりインターセクトとは、商品としてのレクサス車を吟味するための場所ではなく、レクサスというブランドの世界観を体験できる場所としてつくられたのです。カフェやビストロをそなえているのは、車に乗らない人にも「レクサス的な体験」を味わってもらい、ブランドの魅力に触れてもらうためなのです。

「だからインターセクトには車がないといっても、細部に車への愛が感じられ、レクサスというブランドの世界観を感じてもらえる工夫をしています」

と高田部長が言うように、インターセクトではレクサスの部品が階段脇の壁面にデザインされていたり、トイレには無数のミニカーが展示されていたり、外装や内装にレクサス車のアイコンである「スピンドルグリル」があしらわれていたりと、いたるところにブランドを印象づける工夫が凝らされています。ちなみにトイレのミニカーの一台には、豊田章男《とよだあきお》社長のサインも記されています。

「かっこいいショップや居心地のよいカフェに出かけてくつろいでいたら、その場所を提供しているのがレクサスだったと気がつく。私たちはインターセクトをそんなふうに利用してもらいたいのです。ステータスとしての高級車ブランドから、より身近な自分基準で選ばれるブランドになるためには、お客様とオープンな関係を築くことが不可欠です。レクサスへの入り口は販売店に行くことだけとは限りません。ブランドのメッセージを押し付けるのではなく、まずお客様の目線で魅力的な体験を提供すること。そうすれば結果として、その先にレクサスというブランドを感じてもらうことができると思っています」

車そのものをアピールするよりも、まず驚きや感動を伝える。その魅力的な体験を提供しているのが、レクサスだと伝わればいい。そんな考えは、「AMAZING IN MOTION」（驚きと感動を提供し続ける）というブランドのスローガンに集約され、各種のプロモーションを通じて具体的に表現されています。

「驚きの体験」で潜在的な顧客と接点を作る

例えば2015年8月、レクサスは「ホバーボード」(宙に浮かぶスケートボード)を実現したことで話題を集めました。同社が公開した動画「The Lexus Hoverboard: It's here」では、プロスケートボーダーのロス・マクグランがこのホバーボードを地面から浮き上がったまま乗りこなしている様子を見ることができます。⇓06

実際に空中に浮かせるためにレクサスは、「不可能と思われることを可能にすべく、技術・デザイン・イノベーションのすべての限界を押し上げる意気込みでこのプロジェクトに着手した」と言います。⇓07

浮上する仕組みはこうです。ホバーボードには超電導体、レールには永久磁石がそれぞれ設置され、互いに反発し合うことで浮き上がります。ただし、超電導体は非常に高温になるため、液体窒素によりマイナス197℃に冷却しなければなりません。ホバーボードには低温状態を維持するための装置も組み込まれており、浮き上がる際には白い煙(冷気)を放出しながら浮上するので、見た目からも「未来の乗り物」のような雰囲気を醸し出しています。

超電導技術における世界の専門家たちとの共同開発で実現した、その驚きの光景は、まるで映画『バック・トゥ・ザ・フューチャーPART2』に登場した「空飛ぶスケートボード」のようです。動画は公開されるや世界中から閲覧され、YouTubeで4000万を超える再生数を記録しています。ちょうど2015年は映画の主人公・マーティが劇中で未来を訪れた年でもあったことから、「ついにSFの世界が現実化した！」といった声も寄せられ、多くの人を興奮させました。

想像を超えた感動の提供という意味では、レクサスは「日本発のラグジュアリーブランド」ならではの体験型イベントにもチャレンジしています。野外レストランイベント「DINING OUT（ダイニングアウト）」です。

これは一カ所でたった数日間しか開催されない限定イベントで、「食」を通じた地域振興を掲げています。これまで石垣島、佐渡、祖谷《いや》、日本平など、日本のさまざまな場所で、地元の食材を使った創作料理を振る舞ってきました。料理を手がけているのは、イベントのために特別に集まった一流レストランのシェフたちです。

特別なのは料理だけではありません。料理を食べるロケーションにも工夫が凝らされています。新潟県佐渡市で開催された際には、佐渡で最古といわれる能舞台がある、自然に包まれた神社がイベントの舞台となりました。参加者はそこで能の演舞を鑑賞した後に、一夜限りの料理を堪能するのです。

スタートするや日本中のグルメファンから応募が殺到するほどの人気となったこのイベント。レクサスがサポートしているとはいえ、希望者向けに試乗会を行ったり、会期中の移動にレクサス車が使われたりする程度で、インターセクトと同じように、やはり、いわゆる販売活動は行われていません。

その目的は、日本各地の伝統文化や食材の魅力を伝えることで、「レクサスならではの物語」をブランドにまとわせることにあります。ドイツの高級車メーカーに対抗するため、「日本の歴史」（食文化、伝統芸能＝DINING OUT）や「ものづくりの精神」（不可能を可能にする技術＝ホバーボード）をブランディングの核にしていこうとしているのです。

このことはレクサスが潜在的な顧客の掘り起こしと、ブランドの理解向上に、いかに注力しているかを表しています。

レクサスは「雑誌的なブランディング」

そもそもレクサスは、100年近い歴史があるドイツの高級車メーカーに比べ、歴史が浅いブランドです。トヨタが北米の高級車市場に参入するため、社運をかけてレクサスを立ち上げたのが1989年。その走行性能と質の高いカスタマーサービスによって北米市場での地位を確立すると、2005年8月、今度は「日本発世界へ」をスローガンに、日本市場へと「逆輸入」されました。つまり、海外では26年、日本に至ってはまだ10年という若いブランドなのです。

2013年からレクサスのチーフブランディングオフィサー(ブランド戦略の責任者)を務めている、豊田章男社長も、「レクサスにないのは(ブランドに必要な)歴史とストーリーだ」として、台数競争よりも地道なブランド力の底上げを重視していくと語っています。⇓08

ブランドの魅力を「どうだ!」と押し付けるのではなく、まずはさまざまな接点で消費者と関係を持ち、ブランドの世界観を伝えていく。ライバルであるドイツの高級車メーカーと違い、ブランドストーリーの源泉である「伝統」がないレクサスは、ラグジュアリーブランドとして、「モノ」の性能を超えた存在感を一から作り上げていくという難しさを乗り越えていかなければなりません。

果たして、その試みは成功するのでしょうか？

「さまざまな『これが好き』を集めてブランドに内包していくレクサスの戦略は、カルチャーと人をつなぐ雑誌的な試みでもあります」

そう語るのは、前出の『BRUTUS』編集長・西田善太氏です。同誌は2012年12月1日号で「Car Life」という、今どきの車と人の関係に焦点を当てた特集を行っています。「クルマといると、かわること、わかること。」をテーマに、乗り物としての魅力だけではなく、車を中心に置いたライフスタイルの魅力を見つめ直した内容でした。

「車離れが叫ばれている現状で、車の魅力を伝えるだけでは、今の読者に届かないと思ったんです。特集では蒼井優さんが大きな車を探しているとか、当時

『暮しの手帖』の編集長だった松浦弥太郎さんがポルシェに乗っているとか、人と車にまつわるストーリー、つまり『Car Life』を紹介していったんです。結果として、でき上がった誌面は好評でした。今のレクサスのプロモーションは、こうした車に対する意識の変化をうまくすくい取ってまとめ上げることで、ユーザーの幅を広げていこうとしている印象を受けます」

『BRUTUS』が車の魅力を伝えるために人と車の関係に焦点を当てたように、レクサスのブランド戦略も、レクサス車の魅力を伝えるために、「レクサス的なライフスタイル」を表現できる要素を集め、積極的に発信しています。そこには単なる宣伝ではない、「私たちはこういうライフスタイルが好きだ」という「主張」が含まれています。だから「雑誌的なブランディング」と解釈できるのです。

しかし雑誌がブランドになるためには、そこに載っている内容が魅力的でなければなりません。あるテーマや目的に沿って一生懸命に魅力的なコンテンツを集めてパッケージすることで、初めて読者はブランドとしての雑誌名を意識するようになり、そのブランドを中心として「これが好き」に共感し合うコミュニティが生まれます。そうした事情は、レクサスも同じです。

「この挑戦がうまくいくかどうかは、とにかく続けることで、ブランドに対する信頼性を高めるしかない」と西田氏は言います。

つまり、これから「レクサスにはカッコいいものが集まっている」という意識を、人々の間に定着していけるかどうか。そうすることで、車に興味がない人たちにまで「レクサスってカッコいい」という認識を広めていけるか。それがブランディングとしての成否の分かれ目と言えそうです。

Chapter 6
Summary・まとめ

- 離れてしまった若者は将来も戻ってこない可能性大
- 機能性アピールでは無関心な人々には響かない
- ブランドと親和性の高い人を具体的に想像しよう
- ブランド名が広まるだけの広く浅いメッセージはNG
- 潜在顧客を掘り起こすために「深く」「狭く」考える

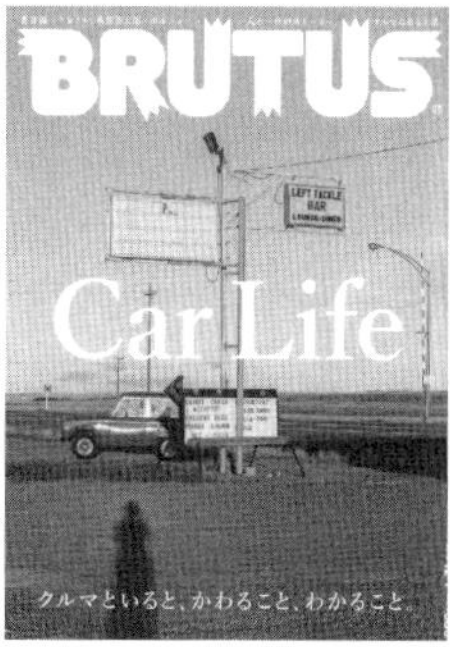

雑誌『BRUTUS』2012年12月1日号は車離れが進んだ時代に車そのものではなく、人と車にまつわるストーリーを紹介することで話題を呼んだ

Annotation・注釈

01 CNN.co.jp「若者のクルマ離れ、米国でも進む ネットや携帯が原因?」http://www.cnn.co.jp/business/35021862.html

02 Response.jp「アウディジャパン好調、中古車人気が販売支える 2014 年」http://response.jp/article/2015/01/20/242042.html

03 日経産業新聞 2012 年 5 月 22 日「軽量化技術、ハチドリでPR、アウディ広告、知性派に的——独 2 強とイメージ差別化」

04 CNET Japan「グーグル、謎の人材募集広告——シリコンバレーのビルボードに」http://japan.cnet.com/news/media/20069765/

05 ウォール・ストリート・ジャーナル日本版「アウディ、高級車販売台数でトップ目指す」http://jp.wsj.com/articles/SB10001424127887323596704578357421855223106

06 YouTube「The Lexus Hoverboard: It's here」https://www.youtube.com/watch ?v=ZwSwZ2Y0Ops

07 SankeiBiz「不可能を可能にする技術力 レクサスの『ホバーボード』完全浮上!」http://www.sankeibiz.jp/gallery/news/150809/gll1508091702002-n1.htm

08 中部読売新聞 2015 年 8 月 29 日朝刊「国内販売あす10 年 レクサス逆襲へ長期戦 ブランド力底上げ重視」

Chapter 7

未来の消費者は リアル店舗に何を求めるのか

上／イギリス発の高級ファッション通販サイト「NET-A-PORTER（ネッタポルテ）」。ネット通販では高級品は売れないという通説を覆すほどの成長を遂げた
下／ネッタポルテを創業したナタリー・マセネット。本書執筆時点では代表の座を辞しており、ファッション業界でもっとも次の動向が注目される人物だ

さて、ラグジュアリーブランドの変化を見ていくことによって、これからの「売らずに売る技術」を探ってきた本書には、まだ重要なプレーヤーが残っています。それは百貨店やセレクトショップといった「モノ」を集めて売る小売業者（リテーラー）です。ラグジュアリー市場の中でも、実はもっとも変化を迫られているのは、この業界かもしれません。

その原因はｅコマース市場の成長です。ラグジュアリー市場においてもネット通販の占める割合が、年々大きくなっているのです。

ベイン・アンド・カンパニーのレポートによると、２０１５年には、高級品のオンラインチャンネルの市場規模が、世界で約１６８億ユーロ（約2兆２０００億円）と、ラグジュアリー市場全体の７％を占める見込みとなっています。これだけネット通販が普及しても、「たった７％」と思うかもしれませんが、注目すべきは成長率です。高級品のオンラインチャンネルの市場規模は、２００３年からの10年間で約10倍もの伸び率となっており、現在もシェアを拡大し続けているのです。⇓01

アマゾン・ドット・コムが世界を席巻し、多くのネット通販サイトが乱立した当初、小売業界はその脅威は認めつつも、「ネットで売れるのは日用品だけ。高級品は売れない」という否定的な見方が大勢を占めていました。しかし現実は、ネットが普及するにつれ、消費者はパソコンやスマートフォンから高級品も購入するようになってきています。今後は若い頃からネットに親しみ、eコマースでモノを買うことが当たり前になっている「ミレニアルズ」や「デジタルネイティブ世代」（Chapter1、2参照）が消費の主役になっていくため、この傾向はますます広がっていくと予想されます。

そんなとき百貨店やセレクトショップといったリアル店舗は、どう対応していくべきなのか？ そして、eコマースがいっそう盛り上がっていく時代に、人々はリアル店舗にどんな価値を求めるようになるのか？ 本章では、そのヒントを探っていきます。

アメリカの小売業界を追い込んだ「ショールーミング」

今、小売業界で問題視されている「ショールーミング」という言葉をご存知でしょうか。意味は「リアル店舗をショールームのように使う」こと。アメリカの書店チェーンや大手家電量販店は、スマートフォンの普及で一般化した、このショールーミングによって破綻が相次いだと言われています。

スマートフォンがあれば店頭で実物を確認しながらネットで商品情報を検索し、他店と「どっちが安いか」比較しながらショッピングができてしまいます。当然、お金を払って購入するのは、リアル店舗か通販サイトかは関係なく、より安く販売してくれるところになります。

実際、アメリカではここ10年ほど、ショールーミングによって書店チェーンや大手家電量販店が苦境に追い込まれています。アマゾンに代表されるネット通販サイトが仕掛けた熾烈な価格競争に、リアル店舗が巻き込まれていったのです。

例えば、書店では業界全米2位だったボーダーズが２０１１年に倒産、最大手のバーンズ・アンド・ノーブルも不採算店舗をどんどん閉鎖しています。家電業界では大手量販店ラジオシャックやサーキットシティが経営破綻、ベスト・バイは、２０１２年に４００人のリストラを余儀なくされました。

そして、高級品のｅコマース市場が成長するにつれ、ショールーミングの影響は百貨店にも及んでいきました。高級腕時計やバッグなどもネットで価格を比較しながら購入することができるので、百貨店は文字通り、ただの「ショールーム」となってしまったのです。そこにＺＡＲＡやＨ＆Ｍといったファストファッションブランドの台頭が重なりました。最新トレンドをいち早く取り入れたファッションアイテムを安く販売することで、百貨店の主力であるブランド品の売り上げを奪っているのです。

この二重のダメージにより、アメリカの百貨店の多くは減益が続いています。その中でも、大手のＪ．Ｃ．ペニーは、２０１２年の売上高が前年から約24％も落ち込んでしまいました。百貨店にとっては受難の時代が到来したのです。

もっとも、「百貨店の売り上げがネット通販に食われた」と聞いても、日本ではあまりピンとこないかもしれません。日本で商品取扱高が１１１３億円、営業利益が１５０億円を誇るスタートトゥデイ（ファッション通販サイトの「ＺＯＺＯＴＯＷＮ」を運営）も、商品ラインナップのほとんどは若者向けのファッションブランドです。⇓02 日本の百貨店の売り上げはデフレにより低迷したとはいえ、訪日中国人の「爆買い」やアベノミクスによる高級品需要増の効果もあり、復活の兆しを見せ始めています。そのため、「百貨店とネット通販は別物」という印象を持っている人は多いのではないでしょうか。

しかし海外では百貨店の売り上げ減とは対照的に、2010年頃から、ハイファッションブランドを専門的に扱う通販サイトが業績を伸ばしています。ファッションショーの数日後には、これまでめったに手に入らなかったデザイナーズブランドのアイテムや限定品が、いつでもどこでも、スマートフォンのクリックひとつで購入できるようになったのです。しかも、世界中に数日で配送してくれます。こうしたハイファッション系の通販サイトは、海外では、これまでファッションにあまり興味がなかった人も惹きつけるほどの影響力を持つようになりました。

その代表的なサイトが、イギリスの「ネッタポルテ（NET-A-PORTER）」です。

ファッション誌編集者が立ち上げた通販サイトが大成功

ネッタポルテは、女性ファッション誌の編集者だったナタリー・マセネットが、女性向けハイファッションブランド専門の通販サイトとして、2000年6月に開設しました。妊娠で休業した際にネット通販にはまり、ファッションブランドの商品を購入してみようと思ったものの、ファッションを愛する自分にとって満足のいく通販サイトがなく、「もっと良いものが作れる」とひらめいたことがきっかけでした。

ネッタポルテにアクセスすると目につくのは、ズラッと並んだ商品群ではなく、毎月ワンテーマで編集されたコンテンツです。人々の興味を惹きつけるためにWEB上の「雑誌」という体裁をとり、たくさんの記事が並んでいます。商品を着ているのは、スーパーモデルや有名女優たち。モード誌と比べても引けを取らないクオリティの写真に加え、商品の背景を伝える文章、新人デザイナーを紹介するコラムもあります。つまり、ファッション誌の元編集者らしく、ネッタポルテではWEBマガジンのコンテンツが、そのまま商品のカタログとなっているのです。

最初に話題になったのも、この「編集力」でした。まだ雑誌の電子書籍化も進んでいない時代、「今月のナタリーはどんなスタイリングを見せてくれるのか」とファッション好きのロンドンっ子たちから注目を集めたのです。⇓03

加えて、ネッタポルテの特徴として知られているのは、顧客の要望に個別に応える相談システムです。サイト上のチャットを通じて、「彼氏にプレゼントを贈りたいけど、何がいいかしら？」「会社のパーティーに着ていけるドレスを探しているんですが」など、さまざまな要望に専用のスタッフが応えてくれます。しかも商品を配送する際には、そのままプレゼントにも使えるような気の利いた梱包も無料でしてくれるのです。店で購入する場合と比べても、遜色のないサービスです。

配送は英国内であれば即日。日本からの注文でも、数日ほどで届きます。さらに28日以内であれば無料返品も可能と、eコマースで考えられる限りの顧客サービスを尽くしています。

ネット通販の弱点は、百貨店のように丁寧な接客ができないところにありました。日用品であれば気にする人は少ないですが、高級品となると、顧客サービスを通じて、「この店ならお金を払ってもいい」と納得してもらわなければ、一度はお試しで買ってもらえても、リピーターになってもらうことは難しい。しかしネッタポルテは、「誰にでも女王様のように対応する」（マセネット）ことで、ネットで高級品を扱っているにもかかわらず、高い顧客満足度を保つことに成功したのです。

アマゾンから買収を持ちかけられるほどの影響力

開始からわずか2年ほどで世界40カ国から注文を受けるようになったネッタポルテは、2003年には600万ポンド（約10億円）だった売り上げも、2009年には1億2000万ポンド（約207億円）に成長しました。

そこに注目したのがラグジュアリーブランドグループの「リシュモン」です。傘下にカルティエやダンヒル、ヴァン クリーフ&アーペルなどを抱える同社は、2010年、ネッタポルテを3億9200万ユーロ（約517億円）で買収します。しかし自社ブランド専門の通販サイトにすることはなく、マセネットを経営者にしたまま、アウトレットの「アウトネット」、メンズファッションの「ミスターポーター」とラインナップを拡張していきました。2015年には企業価値が20億ユーロ（約2600億円）にも達し、ついにはアマゾンから買収を持ちかけられるほどの影響力を持つに至ったのです。

ネッタポルテに追随する通販サイトも多数登場し、現在、海外の先進国では高級品のネット購入が珍しいことではなくなっています。

こうした流れに対応するため、雑誌『VOGUE』などを擁するアメリカのコンデナスト社は、ファッション系ウェブマガジン「Style.com」をファッション情報サイトから、eコマース専用サイトにリニューアルすると発表しました。

本書執筆時点でのローンチ（立ち上げ）時期は未定ですが、米『VOGUE』編集長のアナ・ウインターのほか、米アップル社でヨーロッパ、アフリカ、中東圏におけるゼネラル・マネージャー兼副社長を務めた、パスカル・カニをディレクターとして起用することが決まっています。単に多様な商品が並ぶだけではない、雑誌社の編集力を生かしたファッション通販サイトになるのは間違いなく、ここにもネッタポルテからの影響が見られます。

高級品のeコマースには編集力と顧客サービスが必要

高級品のネット通販には「編集力」が必要――。どうやらこれは、海外のeコマースにおける常識になっているようです。世界32カ国で展開するファッション通販サイト「ファーフェッチ」CEOのジョゼ・ネヴェスも、インタビューで「eコマースでラグジュアリーブランドのような高価なものを購入してもらうためには、何が必要ですか？」と質問され、３つの条件を挙げています。

それは「利便性の高さ」「優れた顧客サービス」「インスピレーションにあふれていること」です。最初の２つは当然のこととしても、最後の「インスピレーション」は、ＷＥＢサイトでどのように実現していけばいいのでしょう？

ネヴェスはファーフェッチを例に、「通常の商品ページだけでなく、気鋭デザイナーのインタビューやシーズンごとに掲載される特集コンテンツ、スタイリングのエキスパートによるファッションストーリーなど、豊富な関連コンテンツ」を掲載することを挙げ、「無機質な通販サイトでは消費者の感情に訴えかけることはできない」と断言しています。だからネット通販でも、雑誌のような「編集力」が必要だと語っているのです。⇓04

まさに編集力によって高級品のｅコマース市場を切り拓いたネッタポルテは、２０１５年10月、イタリアのｅコマース運営会社大手「ユークス」と合併しました。新会社「ユークス・ネッタポルテ・グループ」の売り上げは、13億ユーロ（約１７００億円）にも上ります。世界最大級の高級品ｅコマースサイトの誕生です。

しかし今回の合併は、高級品のｅコマース市場でシェアを独占するためではないようです。合併後も株式の50％を保持するリシュモンが、フランスのＬＶＭＨやアメリカのケリングといった、ほかのラグジュアリーブランドグループにも新会社への出資を呼びかけているからです。

むしろ、リシュモン会長のヨハン・ルパートは合併に際して、「今日のｅコマース業界において、既存のビジネスモデルは強力なテクノロジー大手に押されがち。ラグジュアリー業界の独自性を守るため、われわれがリーダーシップを強化する必要がある」と語っています。⇓05　つまり今後、アマゾンやアリババ（中国最大のｅコマースサイト）といった大手通販サイトが高級品の販売に乗り出しても、正面から戦える勢力を築き上げておく。それこそが、巨大な高級品ｅコマースサイトを作り上げた目的なのです。

ネッタポルテとユークスの合併は、ネット通販サイトですら、小売業者は「アマゾンへの対抗策」を考えなければならない時代なのだということを表しています。それほど、「充実した品ぞろえ・低価格・ワンクリックで即日配送」というアマゾンのビジネスモデルの破壊力は凄まじいものがあります。

では、これだけeコマース市場が盛り上がりを見せている状況で、リアル店舗はどうすれば生き残っていけるのでしょうか？　高級品までネットで購入することが「普通」になっていく時代、どこに独自性を見出していけばいいのでしょうか？

アメリカの百貨店は今、その糸口を探るため、さまざまな試行錯誤をしています。中でも注目したいのが、百貨店受難の時代にあっても業績を伸ばし続けた、1851年創業の老舗「メイシーズ」です。

デジタルとの融合で生き残りを狙う米百貨店

メイシーズの総売上高は2014年までの4年間で約2割（44億ドル）増え、利益は5年連続で2桁の伸びを記録しました。その成長を支えたのが、2011年から同社が掲げる「オムニ・チャネル戦略」です。⇓06

この「オムニ」とは、日本語で「あまねく、すべて」を意味します。そのビジネスモデルについて、K・I・T・（金沢工業大学）虎ノ門大学院教授の三《み》谷《たに》宏《こう》治《じ》氏は著書『ビジネスモデル全史』で、こう説明しています。

（筆者注：オムニ・チャネルの）目的は顧客への対応を一元化することであり、それに伴って「オンラインからリアル店舗への送客」と「リアル店舗からオンラインへの誘導」をスムーズに行うことです。ただその作業は、より複雑に、より自由度が高くなりました。

対象となる「チャネル（＝個客接点）」は、リアル店舗とオンラインショップだけではありません。スマートフォンのＳＮＳや動画サイト、店員が持つ情報端末まですべて（オムニ）です。そして対象とする情報は、顧客だけでなく商品・在庫情報もすべて（オムニ）です。

メイシーズでは、リアル店舗での在庫情報もリアルタイムで把握するシステムを構築し、オンラインストアのそれと統合しました。そのお陰で、相互の送客・誘導が可能になりました。⇓07

メイシーズにはもともと、ｅコマースのサイトがありました。しかし「ネットはネット、店舗は店舗」と分けられ、同じ商品を扱っているのに、「店頭には在庫があるけれど、ネットでは品切れ」といったことがしばしば起こっていました。これではeコマースに力を入れても、ユーザーからは不満を言われるばかりです。

そこでメイシーズでは、リアル店舗の在庫情報も、eコマースの在庫情報も、一元化して管理するシステムを導入しました。そうすることで、在庫のある店舗から直接、eコマースのユーザーに商品を送ったり、近所の店舗で商品の受け取りができるようにしたのです。

さらにオムニ・チャネル化により、リアル店舗で品切れが起こっても、今度は店員が即座に他店やeコマースの在庫も調べ、その場ですぐに商品を手配できるようにもなりました。現在はアマゾンのような即日配送も実験的に行っており、ネットであれリアル店舗であれ、24時間365日、顧客がどこでメイシーズと接しても、すべての接点（＝オムニ・チャネル）で等しいサービスが受けられるように環境を整えています。

こうした変化は、店頭での接客スタイルも変えています。4億ドルをかけて改装したニューヨークのヘラルドスクエア店では商品の場所を追跡できるＩＣタグを導入しており、店員は顧客の側から離れずに、手元の情報端末から館内のあちこちに散らばった商品を取り寄せることができます。

さらに、「試着」の体験もデジタルの導入によって改善する試みが行われています。ファッションアイテムの購入において、試着は重要な要素です。だからこそ、eコマースが広がった結果、店頭でサイズや品質を確認し、実際の購入はより安いネット通販サイトで行う「ショールーミング」が問題になりました。

しかし試着でいろいろな商品やサイズを着てみるためには、店員に「すみませーん」と声をかけ、別のものを持ってきてもらわなければなりません。店員は商品を探すのに時間をとられ、その間、顧客は狭い試着室で待つばかり。あまり楽しい時間とは言えませんし、「やっぱり欲しくなかった」と心変わりだってしてしまうでしょう。

この問題を解決するため、メイシーズは同社のアプリ「メイシーズ・ゴー」を使った実験を行っています。

カリフォルニア州マンハッタンビーチの店舗では店頭に商品を並べているものの、それは試着用ではありません。試着をしたい場合はアプリを起動し、商品のバーコードをスキャンします。すると、スマートフォンの画面上にサイズやカラーが表示され、気になるパターンを選ぶ。それが試着室に自動で送られ、「試着の用意ができました」とアプリを通じて知らされるのです。試着室で「違うサイズや色も試してみたい」と思った際にも、アプリから別のパターンを取り寄せることができます。わざわざ「すみませーん」と店員を呼ぶ手間をなくしたのです。

商品はすべて、試着室に設けられた取り出し口から届けられます。返却するときも同様です。これはロボット制御システムによって自動化されており、アプリで注文すると、在庫が保管されたバックヤードからすぐに該当の商品が届けられる仕組みになっています。

このシステムによる利点は、顧客の待ち時間を減らすだけではありません。店員も商品を探したり、在庫を折りたたんで並べたりする手間が減ることで、専門知識を生かした接客に集中できるようになります。また、「何が試着され、買われたのは何か」という情報も管理できるため、従来よりもさらに細かく顧客の好みを把握することができるようになります。こうした顧客情報を実際に接客する店員の情報端末にフィードバックすれば、店員は顧客にあれこれ質問をしなくとも、次の来店時からその人の好みに応じた商品をおすすめできるようになるのです。

店舗へのデジタルの導入は店員の支援のためにある

リアル店舗のデジタル化というと、どうしても人の手による接客を排除し、徹底した効率化を目指すような「冷たい」印象を受けてしまいます。しかしメイシーズがオムニ・チャネル戦略によって行っていることは、単純な効率化というよりも、デジタルの力を活用することで、ショッピング体験の満足度をより高めていこうとする施策のように感じられます。

実際にＩＣタグの試験導入では、タグ付き商品の売り上げが50％も上昇したといいます。商品を探す時間が大幅に短縮されたことで、店員が接客に費やせる時間が増え、より顧客サービスに注力できるようになった結果です。⇓08

ラグジュアリーブランドを構成する重要な要素は「パーソナライズ（その人個人のため）」です。私のための特別な商品、私のための特別なサービス、私のための特別な接客……。そうした要素がなければ、顧客にショッピングを「贅沢な体験だ」

と感じてはもらえず、「安く、手軽に買えるところがいい」と、より価格が安いネット通販に客を取られてしまうでしょう。

百貨店ではこれまでも、一部のお得意様には「外商」によってパーソナライズされたサービスを提供してきました。来店しなくても自宅まで行って直接注文を聞き、店舗から商品を届ける。店舗を訪れた際には担当者がピッタリと寄り添い、店内を歩き回らなくても要望に応じて次々と商品を持ってきてくれる。

これをメイシーズは、オムニ・チャネル戦略によって誰でも利用できるようにしたといえます。いわば、百貨店サービスの民主化です。導入のポイントは、デジタルを活用することで無駄をなくし、顧客のショッピング体験をいかに改善していくか、という点にあります。ただし、その中心にあるのは、「店員の接客力を伸ばし、顧客満足度を高める」という発想です。

デジタルの導入は接客を排除するために行うわけではありません。むしろ、デジタルを活用することで、商品の専門家としての店員の価値を高めていくことを目的にすべきです。人件費を極限まで減らして価格競争に打って出ても、売り場は消耗するばかりでしょう。実際にメイシーズのチェーンでは、オンラインでの販売を重

視するあまり、店員の士気が下がってしまい、かえって店舗の競争力が落ちてしまうケースも起こっています。⇓09

結局、eコマースに対抗できるリアル店舗の最大の強みは「人」なのです。

日本で始まったオムニ・チャネル戦略の課題

日本でもオムニ・チャネルの導入は始まっています。セブン&アイ・ホールディングスが開設した「omni7（オムニセブン）」には、セブン・イレブンやイトーヨーカ堂だけでなく、百貨店のそごう・西武も参加しています。食べ物や日用品だけでなく、そごう・西武が扱う高級品も販売し、自宅への配送のほか、全国のセブン・イレブン店頭で受け取りができるのです。高級品も販売する理由は、そごう・西武のない地域の需要の取り込みだといわれています。

ただ、日本の百貨店のビジネスモデルはアメリカと違い、自社で在庫を抱えない「委託販売」⇓10が主流です。メイシーズやノードストロームといったアメリカの百貨店が、メーカーからの「買い取り」を基本にしているのとは正反対で、これがオムニ・チャネル化の障害となります。

委託販売には、売れない商品が不良在庫とならないメリットがあるため、長らく日本の百貨店の経営を安定して支える基盤となってきました。しかし、品ぞろえがメーカーの意向に左右されてしまうところが難点で、せっかくオムニ・チャネル化によって豊かな顧客情報（例えば、「ここで購入している人は以前、どんな商品を買っているのか」という情報）を手に入れても、通販サイト上でネッタポルテのような独自の切り口のラインナップをそろえることが難しいのです。これでは、その百貨店ならではの強みをネット通販で表現することができません。

そこで注目されるのが、2015年2月にセブン&アイ・ホールディングスが完全子会社化したセレクトショップ「バーニーズ ニューヨーク」の存在です。

ニューヨーク発祥のバーニーズは日本の百貨店と違い、ブランドごとに個別の売り場を与える「Shop in Shop」を行っていません。すべての商品を買い取りにすることで、ブランドの知名度に関係なく、テーマごとに商品を並べる「ブランド・ミックス」を大きな特色としています。数十万円する高級ブランドのジャケットに、ストリートブランドのデニムを合わせるといった、「雑誌的な提案」を店頭で可能にしているのです。委託販売では、店員がこういう提案をすることはできません。

そのため、自社の通販サイト上でも、さまざまなブランドのファッションアイテムを、トレンドに合わせて「編集」するかたちで紹介しています。前出のファーフエッチのネヴェスCEOが高級品のeコマースに欠かせないと指摘した「インスピレーションを掻き立てるエディトリアル」に挑戦しているのです。

セブン&アイ・ホールディングスによる買収は、「グループのネット通販でバーニーズの衣料品を取り扱い、ネットと実店舗の商品販売を連携させる」ことが狙いだと説明されています。⇓11 まだバーニーズの自社サイトのみの展開ではありますが、近い将来、「omni7」の高級品ラインナップの入り口として、バーニーズの編集力は活用されていくでしょう。

ブランド評価を決定的に左右する「15秒」とは

ソーシャルメディアが普及するに従って、小売業界では「真実の瞬間」という言葉が注目されるようになりました。消費者がさまざまな場面でブランドに触れたときに、「これを選んでよかった！」と思う決定的な瞬間のことです。あるいは反対に、「これを選ばなければよかった！」と後悔する「負の真実の瞬間」もあります。どちらも顧客にとって強烈な体験のため、「聞いて聞いて、こないださあ……」とソーシャルメディアの口コミであっという間に広がります。

この「真実の瞬間」とは、もともとは1981年、赤字で苦しんでいたスカンジナビア航空から生まれた言葉です。同年、スカンジナビア航空のCEOに就任したヤン・カールソンは、スタッフが顧客と接する「15秒」が、顧客満足度を大きく左右すると気がつきます。航空機に搭乗するために顧客が接するスタッフの数と接触時間を調べたところ、それは「ほぼ5人」で「平均時間が15秒」という結果が出たためです。カールソンはその15秒の重要性について、著書の中で次のような事例をもとに説明しています。

アメリカ人ビジネスマンのルーディー・ピーターソンは、コペンハーゲンで重要な商談に参加するため、滞在先のホテルから、ストックホルムのアーランダ空港に向かいました。しかし空港に到着した途端、航空券を部屋に忘れてきたことに気がつきます。とても今から取りに戻る時間はない。わらにもすがる思いで空港の航空券係に事情を説明すると、笑顔の係員から意外な言葉が返ってきました。

「ご心配はいりません、ピーターソン様。搭乗券をお渡しします。仮発行の航空券も添えておきます。ホテルの部屋番号とコペンハーゲンでの連絡先さえ教えていただければ、あとはこちらで処理しましょう」

ピーターソンが搭乗を待っている間に、その係員はホテルに電話をかけ、部屋に置き忘れた航空券を見つけてもらいます。そして、すぐに自社のリムジンを手配して、ホテルから航空券を持ってくるように依頼。なんと便の出発前に、航空券が手元に届いたのです。

「ピーターソン様、航空券でございます」という係員の声を聞いて誰よりも驚いたのは、チケットを忘れてしまった彼自身でした。⇓12

これだけのサービスをされたら、「スカンジナビア航空を選んでよかった！」と感じるのは間違いありません。カールソンはこの「真実の瞬間」を積み上げていくことで、顧客本位の経営を実践し、同社をわずか1年でV字回復させました。当時はソーシャルメディアこそありませんでしたが、現在であれば、こうした「良い話」

は瞬く間に拡散され、ブランドの評判を上げたことでしょう。

航空券係がピーターソンと実際に接したのは、「チケットを忘れてきた」と相談された数十秒のことです。もし反対に「席にキャンセルがあればご案内します。ただし、チケットをもう一度ご購入ください」と告げられたら、ピーターソンの評価はどうなっていたでしょう？　あるいはもっと悪いことに、「それはお客様の責任なので、どうすることもできません」と無愛想に告げられたら？　たったひとり、たった数十秒の接客で、ブランドの評価は大きく異なってしまうのです。

ネット通販が広まった今でさえ、ブランドの評価を決定する「真実の瞬間」は、そのほとんどが「接客」によってもたらされると言われています。ネット通販であれば、クレームを伝える際のカスタマーセンターとのやりとりが、「真実の瞬間」になりやすいようです。つまり、人（顧客）と人（従業員）が接する瞬間に、ブランドへの愛着（または嫌悪）は大きく左右されるわけです。

接客の重視で最強の小売店を作り上げたアップル

そのことをよく理解し、リアル店舗での業績を大きく伸ばしたのがアップルです。アップルは自社の店舗（アップルストア）に「ジーニアス」と呼ばれるスタッフを配置しています。厳しい審査に合格し、「ジーニアス」の象徴である青いTシャツを着ることが許された彼らは、アップル製品の故障や不具合に対してワンストップで修理をしてくれるだけでなく、さらに便利な使い方などをわかりやすく説明することで、顧客の「真実の瞬間」をつかむことに成功しています。

アップルの圧倒的な業績は製品力によって説明されることが多いのですが、リアル店舗であるアップルストアも、売り上げに大きく貢献していることを忘れてはいけません。アップルの小売部門を率い、アップルストアの立ち上げに尽力した当時の副社長、ロン・ジョンソンは、次のように語っています。

「アップルストアが成功したのは製品のおかげだと言われますが、では、ウォルマートやベスト・バイ、ターゲットでも大半の製品は買えるし、そちらならなにがしかのかたちで値引きも得られるというのに、なぜ、世間の人々はアップルストアに詰めかけ、定価で買おうとするのでしょうか。お客様は体験を求めてアップルストアに来店され、その分、プレミアムを払ってくださるわけです」⇓13

値引きをしてくれる量販店ではなく、わざわざアップルストアで購入する人々は、店頭で「アップル体験」を味わいたくて店を訪れます。その「プレミアム」が上乗せされた売り上げには驚くべきものがあり、10周年を迎えた2011年9月期、全世界357店舗の売上は、アップル社全体のおよそ13%にあたる141億2700万ドル（約1兆6952億円）を記録しました。

しかも1平方フィートあたりの売り上げでは、全米トップの5626ドル（約68万円）。日本経済新聞の報道によると、「これは2位の宝飾品ブランド、米ティファニーの2倍弱、3位の高級服飾品ブランド、米コーチの3倍強に当たる」というのです。一般的に他業種よりも販売効率が高いといわれるラグジュアリーブランドの水準を大幅に超えています。だからアップルストアは「全米最強の小売店」とも

呼ばれているのです。⇓14

スティーブ・ジョブズはアップルストアの開設にあたり、ほかの小売業者ではなく、高級ホテルグループの「フォーシーズンズ」を参考にしました。それは「世界でもっとも売れている小売業者はどこか」ではなく、「世界最高の顧客サービスを提供しているのはどこか」とジョブズが考えたからだと、前出のロン・ジョンソンは証言しています。⇓15

フォーシーズンズのような高級ホテルでは、接客マニュアルに書いてある通りに振る舞うことよりも、顧客の要望に柔軟に応え、ホテル滞在中のあらゆる場面で、「ここに来てよかった」と感じてもらうことを目指します。型にはまった対応では、たとえ丁寧な接客をしていても、「私のためにここまでやってくれるなんて！」とまでは感じてもらえないからです。

すでに述べたように、ラグジュアリーブランドの本質は「パーソナライズ」にあります。フォーシーズンズ以外のホテルに泊まりたいとは思わないほどの顧客との強いつながりは、画一的な接客ではなく、その人に応じてパーソナライズされた対応が生みます。

アップルはこの方針を店舗運営に取り入れました。アップルストアで働く「ジーニアス」たちの目的は、商品を売ることではなく、接客を通じ「来てよかった」と感動してもらうこと。アップルはそのために、個々の従業員に自分の判断で行動できる権限を与えました。

保証は白黒がはっきりするように書かれているが、アップルの従業員にはグレーゾーンの判断をする権限が与えられている。会社にとって正しい判断、顧客との長期的関係にとって正しい判断をするよう、裁量が与えられているのだ。水たまりに落としてしまったとiPhoneが持ち込まれたとき、ジーニアスバーの従業員はその顧客の履歴を確認し、交換すればその顧客がまたアップルを信頼してくれると思えば、そうするわけだ。ジーニアスバーの役割は、コンピューターの修復ではない。顧客とのつながりを修復することだ。⇓16

それだけの権限を与えられているアップルストアの従業員の給与は、意外なことに決して高くはありません。アメリカでは平均時給が1000円ほどで、小売業の従業員の平均水準と言われています。しかも歩合制ではないため、売っても売っても給与には反映されません。

それでも高いモチベーションが保たれているのは、従業員が自分の判断で接客の是非を判断できる権限委譲が行われているため、平均的な給与額でも、仕事にやりがいを感じられるからです。

赤字のどん底から、顧客接点における「真実の瞬間」をつかまえることで業績を回復させたスカンジナビア航空も、従業員が顧客の求めていることを素早く察知し、最適な提案を実行できるように、現場への大幅な権限委譲を行いました。だから航空券係は上司に相談することなく、自分の判断でホテルに連絡したのです。もし彼女が上司の判断を仰いでいたら、どうすべきか現場に指示が下る前に、ピーターソンが搭乗する予定だった飛行機は飛び立っていたでしょう。

現場スタッフの権限が拡大されたことにより、スカンジナビア航空の中間管理職は、従業員を監視するためにいるのではなく、従業員が適切な判断を行えるように支援する立場に変わりました。リーダーシップから、フォローシップへと役割が変わったのです。

これはアップルも同様で、だからアップルストアの従業員は自分で考え、行動する「ジーニアス」と呼ばれているのです。前出のロン・ジョンソンが言います。

「お客様は体験を求めてアップルストアに来店され、その分、プレミアムを払ってくださるわけです。この体験はさまざまな要素から成り立っていますが、たぶん一番大事なのは――ほかの小売業でも同じことが言えるはずだと思いますが――スタッフが売ろうとしないことでしょう。アップルストアでは、お客様とのつながりを作りたい、人々の暮らしを良くしたいと考えています」⇓17

アップルも、「売らずに売る技術」によって成長していったのです。

人は結局、人との交流を求めている

ネット通販がリアル店舗の売り上げを侵食している現在、「これからの店舗はデジタルを取り込むべきだ」「ネット通販を拡張すべきだ」「品ぞろえを絞って、店頭ならではのオリジナリティを出すべきだ」などと、さまざまな議論が行われています。しかし「真実の瞬間」をめぐる議論でも明らかにされているように、ブランドへの愛着を左右するのは、つまるところ、人と人が接する瞬間であり続けると思います。

完璧なネット通販は人の手を介在させず、すべての取り引きをコンピューターのシステムによってスムーズに完結させます。そこにはストレスはありませんが、感動もありません。完璧なブランドというよりも、完璧なインフラといったほうが正しいでしょう。アマゾンはドローンによる配送を研究していることからもわかるように、この方向に突き進んでいます。

私たちがリアル店舗に出かけていくのは、今も昔も、「そこに行けば何かワクワクする体験が待っているのではないか」と期待するからです。そして、店頭でその体験を提供してくれるのは、ひとりひとりの従業員です。それはこれからも変わりません。

メイシーズのオムニ・チャネル戦略ですら、店員との連携がなければ、ただの「すごく便利な通販サイト」になってしまいます。そもそもネッタポルテがハイファッション専門のｅコマースとして成長できたのは、ネット通販で何とかリアル店舗に負けない丁寧な接客を再現しようと、顧客との「相談システム」を提供したからでした。

そういったシステムがないアマゾンが王者であり続けているのは、とにかく安くて便利で品ぞろえが豊富だからで、こうした通販サイトは、1社しか生き残れません。だからリシュモンはネッタポルテの買収をアマゾンから持ちかけられたときに断り、ユークスと合併することで対抗する道を選びました。王者が手を伸ばしていない、高級品のｅコマースという砦を守ることを選んだのです。これはラグジュアリーブランドの生き残りを考えるうえで、正しい選択だったと思います。

もっとも、将来的には人工知能の発達によって、人を介さなくても、オンラインで専門的なアドバイスを提供できるようになるかもしれません。アップルのＳｉｒｉ（シリ）のようなシステムがネット通販に導入され、優しい言葉であなたに似合いそうな商品をおすすめしてくれる。そんな未来が待っているのかもしれません。そのときには、映画『ｈｅｒ／世界でひとつの彼女』⇓**18** のように、バーチャルなショップ店員に恋をする男の子だって現れるのかもしれません。

でも、そこまで高度に発達した人工知能は、ほとんど「人」です。人工知能をめぐる議論に入り込むつもりはないですが、「人は結局、人との交流を求めている」という結論に、大きな修正を施す必要はないと思います。

お金があってもなくても、行きたくなる店に

話が脱線してしまいましたが、最後に、「人とのつながりが、ブランドへの愛着を作る」ことの事例として、三越伊勢丹ホールディングスによる「ISETAN-TAN-TAN」⇓19 という動画を紹介しましょう。

これはシンガー&ソングライターの矢野顕子氏が伊勢丹新宿店のイメージソングとして作詞・作曲を手がけた曲に合わせ、同店のスタッフ約５００名が店内で踊り出すＰＶ《プロモーションビデオ》です。２０１４年４月にYouTubeで公開されるや評判を呼び、１００万回以上再生されています。新宿店に何度か行ったことがある人であれば、「接客してくれた○○さんが映っている！」と親近感を覚える内容で、実際にソーシャルメディアでは、そういった声が多く挙がりました。

本当に素晴らしい動画なので、ぜひ実物を見てほしいですが、興味深いのは、商品がずらっと陳列された売り場ではなく、館内のカフェでたくさんの人が談笑しているところから動画が始まるところです。それは歌詞でも繰り返される「お金がってもなくても」というフレーズに象徴されるように、「ショッピングが目的でなくとも、伊勢丹に来ればワクワクする体験が待っている」と伝えようとしているように感じます。実際に２０１３年の新宿店リニューアルでは、女性服売り場の真ん中でシャンパンが楽しめる「ザ・スタンド」を新設するなど、百貨店を訪れ、滞在すること自体の楽しさを取り戻そうとしています。

そして、この動画で「ワクワクする体験」を提供してくれるのは、ほかならぬ、従業員ひとりひとりなのです。伊勢丹の本質的な価値は「人」なのだと語りかける、見事なストリートテリングになっています。

「ISETAN-TAN-TAN」

作詞・矢野顕子

ママに買ってあげたい　足が細くみえる靴
履いてゆくとこないでしょって　言わないで

パパにきっと似合う　お腹へっこんでみえるズボン
手をつないであげようかな　思い切って

お金があっても無くても　買ってあげたい人がいる
その日がくるまで待っててね
晴れた空でも雨の日でも　電車にのって出かけよう
わたしが着くまで待っててね
ISETAN-TAN-TAN

黄色とかピンクとか　あふれてるよ　部屋の中

他の色　試してごらん　似合うかな？

わたしのこと　ずっと　見ててくれたんだね　あなた
気付かないふりしてて　ごめんなさい

お金があっても無くても　もらうばかりじゃつまんない
その日がくるまで待っててね
晴れた空でも雨の日でも　電車にのって出かけよう
もうすぐ着くから待っててね
ISETAN-TAN-TAN

Chapter 7
Summary・まとめ

・値引き競争では顧客を「より安い店」に行かせるだけ

・買い物を楽しい経験に変えることこそ大切

・商品を買わなくても行きたくなる店作りを考える

・eコマースではコンテンツの面白さを入り口に

・これからもリアル店舗最大の強みは「優れた接客」

2013年に総工費100億円でリモデルした伊勢丹新宿店。「ファッションミュージアム」をテーマに店内を散策するだけでも発見のある空間を目指した

Annotation・注釈

01 ベイン・アンド・カンパニー「2015年 高級品市場レポート」

02 スタートトゥデイの業績は2015年3月期

03 日経MJ2002年7月30日「ネットブティック、ネッタポルテ運営、ナタリー・マセネット——編集力、女心つかむ。」

04 THE FASHION POST「eコマース界のフィクサー、Farfetch(ファーフェッチ)のJose Neves(ジョゼ・ネヴェス)が見据える、デジタルエイジのリテールビジネス」http://fashionpost.jp/archives/posts/44535

05 WWD JAPAN.COM「ユークスとネッタポルテの合併で変わるファッションEC勢力図」https://www.wwdjapan.com/focus/column/ec/2015-04-29/5286

06 DIAMONDハーバード・ビジネス・レビュー2015年5月号「デジカルなビジネスを生む5つのルール　リアル店舗はネットの力で成長する」

07 三谷宏治『ビジネスモデル全史』P256

08 カール・サーモン　小売消費財レポート「百貨店の新たな現実—RFID」

09 日経MJ2015年10月30日「オムニ、成功の難しさ」

10 委託販売とは、その名の通りメーカーが小売業者に販売を委託すること。所有権は商品が売れるまでメーカーにあり、小売業者は販売を請け負う。商品が売れればメーカーは販売手数料を支払う。この形態の代表例としては、新刊書店が挙げられる。

11 産経ニュース「セブン&アイが『バーニーズジャパン』を完全子会社化」http://www.sankei.com/economy/news/150212/ecn1502120040-n1.html

12 ヤン・カールソン『真実の瞬間』序文より抜粋

13 カーマイン・ガロ『アップル 脅威のエクスペリエンス』P16

14 日本経済新聞電子版「販売効率全米1位「アップルストア」店作りの全過程」http://www.nikkei.com/article/DGXNASFK2201B_S2A420C1000000/

15 カーマイン・ガロ『アップル 脅威のエクスペリエンス』P26

16 同書P140

17 同書P246

18 映画『her/世界でひとつの彼女』(2013年・アメリカ)は、スパイク・ジョーンズ監督・脚本による近未来の恋愛映画。女性の人格を持ったコンピューターオペレーティングシステム(OS)に恋をする男性の姿を描いた。

19 YouTube『ISETAN-TAN-TAN』https://www.youtube.com/watch?v=gBwzxydX3rY

Epilogue

ラグジュアリーブランディングとは お金持ちだけの話ではない

上／積極的な海外進出を続ける無印良品は、日本では数少ない「ブランド」として海外でも認められている企業だ。写真は中国・上海にある世界最大の旗艦店
下／新機種発売前には必ず行列ができるアップルストア銀座店は、隣がディオールであるところに注目。そこにブランド価値を高める戦略がある

エクスクルーシブからオープンへ、は既定路線に

本書はＤＩＡＭＯＮＤハーバード・ビジネス・レビュー誌のＷＥＢ版で２０１3年11月から翌年3月まで掲載された「ラグジュアリーは変われるか？」という連載記事に、大幅な加筆修正を行ったものです。バックナンバーは同サイトに掲載されておりますが、ほとんど別物と言っていい内容になっています。

それほど加筆修正を必要としたのは、ラグジュアリーブランドをめぐる状況の急激な変化にあります。連載時は、バーバリーとアップルのコラボが話題になっていたり、シャネルがネット動画に本格的に参入したり、レクサスが車をセールスしないショールームをオープンしたり、各ブランドが日本でも高級品のネット通販に力を入れ始めたりと、現在も続くラグジュアリーブランドの「エクスクルーシブからオープンへ」という変化が表に出始めたばかりの時期でした。これはブランドＰＲの戦場がファッション誌からスマートフォンに移り、スマートフォン向けの宣伝活動が活発になった時期とも重なります。

しかしバーバリーという先駆者がいたとはいえ、まだまだ当時は、「ラグジュア

リーブランドがブランドのイメージをコントロールできないオープンなインターネットの世界に、本気で参入していくのか?」という見方が多いのも事実でした。さらに、「内容は興味深いが、結局のところ、これは富裕層向けビジネスの話でしかないのでは?」という反応もありました。

ラグジュアリー市場だけでなく、消費をめぐる状況そのものに変化が起こっていると感じてはいたものの、私自身も当時はまだ、明確に「こうだ」と断言できず、考えが揺れている状態でした。そのため連載時には、それぞれのブランドの施策を無理にまとめようとせず、変化の現状をリポートすることに焦点を当てていきました。それでも少なからぬ反響をいただいたのは、多くの人々にとっても漠然と、「これはモノを売るビジネスの未来を示しているのではないか?」という予感のようなものがあったからではないかと思います。

それからわずか2年で、状況は一気に変わりました。本書でも見てきたように、今やラグジュアリーブランドはフェイスブックやYouTube、インスタグラムにLINEまで、あらゆるツールを使って消費者のスマートフォンにブランドの情報を送り込もうとしています。eコマースに乗り出さないブランドは少数派となり、それまでネット通販に消極的だったシャネルでさえ、自社で通販サイトを立ち上げると発表しました。「エクスクルーシブからオープンへ」というテーマは、その是非が議論にもならないくらい、ラグジュアリーブランドにとって既定路線となったのです。

本書で紹介した事例が2010年代のものばかりなのは、それほどラグジュアリーブランドが、ここ数年で劇的な変化を遂げてきたからです。今では確信を持って言えますが、変化を促したのは、スマートフォンとソーシャルメディアの普及です。その2つを手にした消費者にアプローチするためには、ラグジュアリーブランドも自ら積極的に情報を発信し、自身の価値を伝え続けなければなりません。もはや「ラグジュアリーとは限られた人向けの、排他的なものである」と言っていては、消費者から距離が遠くなるばかりなのです。

ラグジュアリーブランドは、今後もソーシャルメディア社会に適応するべく、オープン化への道を突き詰めていくことになるでしょう。本書には、その第一歩が記されています。

消費が二極化する中で、中価格帯のブランドが苦戦

最後に、本書の執筆を通じて、私が痛感したことをお伝えします。それは「ラグジュアリーブランディングとは、決して、『一部のお金持ち向け商売の話』ではない。これからの日本のビジネスを考えるうえで、欠かせない知恵になっている」ということです。どういうことか？

現在、日本の消費は「二極化」しています。

バブル時代も高級ブランド品は爆買いされましたが、当時は「みんなが欲しがっているモノが欲しい」というタイプの消費でした。しかし市場が成熟することで「誰もが持っているモノ」の価値は薄まり、代わりに、自分の価値観を基準に「本物の高級品」を求める志向が高まっています。消費によって自分の価値観を示す、そういうタイプの消費がラグジュアリー市場に広がっているのです。

一方で100円ショップやファストファッションなど、低価格帯のビジネスも盛況となっています。ファッションの分野で今もっとも元気があるブランドを聞けば、多くの人が、ユニクロやZARA、H&Mといったブランド名を答えるでしょう。

女性ファッション誌でも、ファストファッションでそろえるスタイリングを紹介する記事が増えています。街を歩けば、それがいかに時代を反映した、「リアル」なスタイリングであるか実感できるはずです。

そのような傾向の中で元気を失っているのが「中」の価格帯に属するブランドです。ワイシャツであれば1着1万円からの価格帯でビジネスを展開する企業が苦戦を強いられています。

中価格帯の代表格である日本のアパレル企業「オンワード」「ワールド」は、ラグジュアリーブランドとファストファッションの間で目立った特徴が打ち出せず、顧客離れが続きました。海外のファストファッション企業が日本への出店を加速させた2013年頃から営業利益は大幅な減少となり、その結果、オンワードは不採算ブランドの整理、ワールドは「全店舗の約15%にあたる400〜500店の閉鎖」を余儀なくされたのです。⇓01

ラグジュアリーブランドも、いわゆる「ディフュージョンライン」（ブランドのイメージを活用した低価格ライン）の整理を進めています。バーバリーは長年にわたりライセンス契約を結び、「バーバリー ブルーレーベル」などを日本で企画・販売してきた三陽商会との提携を、２０１５年６月末で終了。英国本社がバーバリーブランドを一括管理し、高級品のみを扱うことで、ブランドイメージの向上に努めています。

　これは日本だけの現象ではなく、マーク・ジェイコブスの「マーク ＢＹ マーク ジェイコブス」や、ドルチェ＆ガッバーナの「Ｄ＆Ｇ」など、有名ブランドが続々とディフュージョンラインを終了しています。ディフュージョンラインは基本的に中価格帯でビジネスを行ってきました。これ以上、ファストファッションから顧客を取り返すために価格競争を続けたら、ブランドイメージが損なわれ、高級品のラインにまで影響が出てしまうと判断したことで撤退を決めたのです。

「こだわるもの」と「こだわらないもの」に選別される

　高級品と低価格品が売れ、中価格帯の商品が苦戦する――。ローランド・ベルガー日本法人会長の遠藤《えんどう》功《いさお》氏は著書『プレミアム戦略』で、その状況を次のように述べています。

こうした現象を説明する際に、日本における格差社会の到来、すなわち強者と弱者への二極化を理由にする説がある。しかしこれは、必ずしも的を射ているとは言えない。（中略）「格差社会が広がっているから消費も二極化する」というのであれば、ポルシェで100円ショップに乗り付けて買い物をするとか、潤沢な所得はないにもかかわらず自分がこだわるものには高級品を買うのに躊躇しないといった、現在の消費者の購買行動を説明することはできない。（中略）格差という社会構造の変化と同時に、消費者の消費行動の成熟に起因する「消費の多面性」という変化にも着目する必要があると私は考える。すなわち多くの日本人が、自分が「こだわるもの」と「こだわらないもの」を選別し、消費行動を変えていると考えるべきなのである。⇓02

こだわるものにはお金を惜しまないが、こだわらないものは安ければ安いほどいい。遠藤氏の『プレミアム戦略』は２００７年末に上梓された書籍ですが、中価格帯のブランドが苦境に立たされている現在の状況を見る限り、こうした消費行動は基本的に変わっていないと言えるでしょう。

しかしここに付け加えるなら、リーマン・ショック、そして日本では東日本大震災の影響を受け、人々はより、消費に「理由」を求めるようになってきています。なんとなくお金を使うのではなく、消費に意味を持たせたい。消費を通じて、社会に影響を与えたい。そういう意識が広まっています。

そうした声に応えるためには、商品に希少性や特別感があり、購入することで他人と差別化できるというだけではなく、ブランドや企業が信頼できること、ほかと替えが利かない本物であることが、さらに求められます。

消費者の「こだわり」にアピールしていきたいと思うのなら、もはや、商品の格が「上」であることを示す「プレミアム」だけでは不十分です。質が高いことは前提として、その質を支える固有の物語、触れることで得られる特別な体験、といった要素を打ち出していくことが欠かせません。つまり、「ラグジュアリーを目指す」ということです。

反対に低価格帯の消費は「こだわらない」カテゴリーになるので、とにかく、「良いモノをより安く」提供することが求められます。この市場もシェアを握れば大きなビジネスに成長しますが、価格競争をめぐる戦いでは、上位の1、2社しか生き残れないことを忘れてはならないでしょう。

中価格帯のブランドが苦戦し、低価格帯も熾烈な争いが待っている。日本市場で生き残っていくために、多くの企業がラグジュアリー化を検討する時代がやって来たのです。しかし、そんなことが可能なのでしょうか?

無印良品はいかにコモディティ化を回避してきたか

ラグジュアリーブランドに誰でも手が届く価格の商品はありません。しかし「高級である」ことは、ラグジュアリーブランドの必要条件ではあっても、十分条件ではないのです。ラグジュアリーブランドをいかに作り上げるか、すなわち、「ラグジュアリーブランディング」の本質は、「安売りせずに、どうやってモノを売るか」にあります。

自分の価値観に合ったモノやサービスにお金を払いたい、という「自分基準」で消費を考える人々にアピールするためには、価格や機能より、物語や世界観を伝えていくことが重要になってきます。消費者が自分の価値観を基準に商品を選ぶのであれば、ブランド側も自らの価値観を明らかにし、能動的に発信していく。そうでなければ、もはや選ばれないのです。

その好例が、「無印良品」です。

無印良品のシャツは一見、ほかのブランドと替えが利くコモディティな商品に感じられます。シンプルで低価格、しかも機能的に特別なところはありません。それでも無印良品を選ぶ人々が後を絶たないのは、無印良品の商品を買うことが、ブランドが打ち出す世界観への支持の表明になっているからです。

では、無印良品が持つ独自の世界観とは何か？　それは「反体制」であると、同ブランドを考案した、セゾングループ元代表の堤清二《つつみせいじ》氏は次のように語っています。

「反体制」というコンセプトをブレイクダウンするとすれば、一つは、みんながアメリカ的豊かさを追っているときに、「それはあまり賛成しないよ」と異議を唱えるという意味があった。もう一つは、ファッションがあふれている時代に、ファッション性を追求せず、そしてそのことが結果としてかっこいいのではないかというメッセージがありました。アメリカ的豊かさの追求とファッ

ション性の追求という、この二つの大きな「体制」に対して、アンチだったわけです。⇓03

そこから堤氏は、「消費者主権」というコンセプトを導きます。「今はこれがカッコいいぞ」と一方的に押し付けるのではなく、消費者が自由にアレンジできて、使うことができる商品。自分基準でモノを選ぶ消費者の価値観に、無理なく溶け込むことができるコンセプトです。無印良品はこうしたメッセージを、商品パッケージから店舗デザイン、広告に至るまで、一貫して伝え続けています。

そのコンセプトに共感して無印良品を選んでいる消費者もいれば、なんとなく「安くて良いモノ」というイメージで選んでいる消費者もいるでしょう。しかしいずれも、「無印良品はほかと違うブランドだ」と認識したうえで選んでいます。

無印良品はファッション品だけに注目すれば確かに「下」の価格帯の商品ばかりですが、家具や雑貨といったライフスタイル商品、さらに食品は、他社と比べて圧倒的に安いわけではありません。しかしそれでも支持されているのは、無印良品が安さだけでなく、ブランドならではの世界観を明確に打ち出すことでコモディティ化を回避してきたブランドだからです。

アップルストアで誰も値引き交渉をしないのはなぜか？

もうひとつ、安売りせずにモノを売ることに成功したブランドを挙げましょう。「アップル」です。

iPhoneやiPadといったアップル製品は革命的な機能をそなえ、世界中の人々がこぞって買い求めました。しかし、「画期的な機能をそなえたデジタルガジェット」というだけでは、発売日のアップルストアに長蛇の列ができるほどの熱狂を生むことはできません。まだ世界にスマートフォンやタブレット端末が普及していない頃ならまだしも、現在はさまざまなメーカーから、機能面では遜色がなく、しかもアップルよりも低価格の商品が発売されています。それでも新作のiPhoneには行列ができるのです。限定品ですらなく、少し待てば同じモノが手に入るにもかかわらず。よくよく考えれば、これはとんでもないことです。

パリHECビジネススクール教授のジャン＝ノエル・カプフェレとヴァンサン・

バスティアンは、共著『ラグジュアリー戦略』の中で、こうした現象は、アップルがラグジュアリー戦略を実践した結果だと指摘しています。⇓04

ラグジュアリーブランドには、ブランドに固有の物語が欠かせません。「職人がひとつひとつ手作りをしている」「王族に選ばれた」「世界的な著名人が愛用している」といった物語が、高価格を裏付けてくれます。

その点、アップルにはキリストの再臨にもたとえられる、「スティーブ・ジョブズの追放と復活」という神話のような物語があります。1990年代に没落したブランドを、一度追い出された創設者が立て直し、世界一の企業にまで押し上げる。しかもそれは、誰もが使える商品を世界中に売ることによって実現されました。

「つまり、アップルは救世主的なクリエイターの英雄的物語」であり、「1970年代のカリフォルニアの『人間らしい、ユーザーフレンドリーなコンピューター』という元来の夢」をどこよりも体現するブランドであると、カプフェレとバスティアンは語っています。

その神話と理念への共感が、ブランドの「聖地」であるアップルストアにおける長蛇の列の原動力となります。神話のオーラは林檎マークのロゴに宿り、アップル製品を持つ人に、ほかのデジタルガジェットでは得られない、特別な感情を喚起します。それは今、自分はアップルの神話の一部に触れているのだという感動です。

だからアップル製品は、ジョブズの神話が人々の記憶に強く残り、そのオーラが製品に宿っているうちはコモディティ化しません。家電量販店で「もう少し安くならないの?」とパソコンを値切る人はたくさんいます。しかしアップルストアで「このMacはもう少し安くならない?」と交渉する人はいません。アップルストアは「そういうことをする場所ではない」と認識されているからです。値切ることが目的の人は初めから家電量販店に行きます。

しかし値下げをしないにもかかわらず、アップルストアは小売業界でトップクラスの売り上げを誇っています(Chapter7参照)。アップルストアで定価で購入するという行為が、ブランドの世界観を最大限に味わえる方法だと、多くの人が知っているからです。値下げしなくても売れるブランド力、値引き交渉をすることが恥ずかしくなってしまうほどのブランド力、それこそがアップルの驚異的な業績を支えてきたのです。

物語や理念によって他社と差別化し、安売りせずとも売れるようにする。価格は単に機能や品質が反映された結果ではなく、物語や理念が商品に結実した結果、そうなっているのだと納得させる。アップルも無印良品も、価格ではなく手法に注目すれば、これはもはや、ラグジュアリーブランディングそのものと言えます。

クールジャパンにはラグジュアリー戦略が必要だ

ラグジュアリーブランディングは、日本の輸出戦略を考えるうえでも参考にすべきです。

日本の戦後ものづくりの歴史を振り返れば、それは「安い！」の世界で頂点を目指す戦いでした。安くていいモノを消費者に届けることで、多くの国民に豊かな暮らしを提供する。そして海外でも「Made in Japan」のしるしは、高い質と低価格を両立させる驚異のブランドとして認知され、日本経済を支える原動力となってきました。

しかしグローバル化により、「安い！」の世界はかつてなかったほどの過当競争になっています。世界を席巻した国産家電メーカーは、中国や韓国などアジアのメーカーと価格競争を強いられ、コストカットの飽くなき追求によって消耗していま す。しかも中韓メーカーの商品はもはや「安かろう、悪かろう」ではなく、低価格と品質を両立させています。今後も国境を超えた熾烈な価格競争は続いていくでしょう。そんな土俵で勝負できるのは、国内でもほんのひと握りの大企業だけです。

日本政府は「これからの日本には『クールジャパン戦略』が必要だ」と宣言しています。クールジャパンと聞けば、多くの人がアニメや漫画といった「日本ならではのコンテンツ」の輸出戦略をイメージしますが、本来の目的はコンテンツの輸出だけではありません。広く、まだ海外に知られていない、日本のモノやサービスを世界に売っていくことを目的にしています。そのほとんどは、日本各地の中小企業の商品です。

世界に向けて中小企業がビジネスをするために必要なのは、「少ない商品を高く売る」戦略です。安くていいモノは市場にあふれており、そこで勝負するのは消耗戦になりやすい。大企業ならば戦い続けられる体力があるでしょうが、中小企業は難しい。それよりも成熟した消費者の「こだわり」に応えられる独自の価値を持った商品を作り、その価値の対価としてプレミアムを上乗せした値段を付ける。数よりも利益率を重視する。要するに、ラグジュアリー戦略の実践をしていくべきなのです。

では、ラグジュアリー戦略を実践するためには何が必要か？　それは「フラッグシップ」です。ブランドの真髄を象徴する、技術の粋を込めた最高級品。エルメスならケリーやバーキン、ポルシェなら911、メルセデス・ベンツならSクラスといった商品です。ラグジュアリーブランドには、こうしたフラッグシップが必ずあります。

フラッグシップ商品は大量に売ることを目的にする必要はありません。ただし、細部に至るまで、ブランドならではの「こだわり」を凝らす必要があります。Chapter1で紹介したメルセデスAMGが今もなお職人の手作業でエンジンを組み立てるように、「そこまでやるのか！」というこだわりこそが消費者のこだわりと共鳴し、ブランドに対する敬意と憧れを支えます。それがあってこそ、ブランドの名のもとにさまざまな商品展開が可能になり、ビジネスを拡大していけます。

一方、日本企業の多くは、手の届きやすいスタンダードな商品から展開しようとします。日本国内では「良いモノをより安く」という理念によってビジネスを展開していく時代が長かったため、海外でも同じことをしてしまうのです。フラッグシップはビジネスに成功したあとに着手する、一種の「記念碑」のようなものと考えられているふしすらあります。

しかし、それではラグジュアリー戦略は実践できません。フラッグシップは「記念碑」ではなく、ブランドの技術力や世界観を雄弁に伝える「広告塔」なのです。商品が売れてから広告塔を建てるのでは、ほとんど意味がありません。まずはフラッグシップによってブランドの世界観を浸透させる。それによってブランド全体の価値が「上」へと引っ張られ、「少ない商品を高く売る」ことが実現できます。

日本は高い技術力を誇る「ものづくりの国」です。製造業に全盛期の元気はないとはいえ、日本の技術に対する世界からの信頼は、今も厚いものがあります。「Made in Japan」はブランドとして国際的に通用しているのです。モノに限らず、飲食やサービス業においても同様です。

そのブランド力を最大限に活用する手段が、ラグジュアリー戦略の実践だと私は考えます。「Made in Japan」が品質の保証として世界に通用する今のうちに、日本企業は本気でラグジュアリーブランディングに乗り出すべきです。本書で紹介したラグジュアリーブランドのほとんどは、富裕層向けとはいえ、もともとは街の一角で誠実な商売を行っていたにすぎない中小企業でした。それが現在、世界中で莫大な規模のビジネスを動かしているのです。同じことを日本企業ができない理由はありません。

日本の百貨店では海外のブランド品ばかり売れているのに、なぜ海外の百貨店で日本の高級品を売ることができないのか。海外からやって来た訪日観光客に、「お土産」以上のモノを購入してもらうためにはどうしたらいいのか。ラグジュアリーブランディングとはお金持ちだけの話ではなく、今後の日本経済の行方を左右する、さまざまな問題を解決していくための知恵なのです。

Annotation・注釈

01 産経新聞 2015 年 8 月 1 日朝刊「苦戦する老舗アパレル『オンワード』『ワールド』 低価格『ユニクロ』路線と高級ブランドの狭間に埋没し…」

02 遠藤功『プレミアム戦略』P34 ～ 35

03 堤清二、三浦展『無印ニッポン』P99

04 ジャン＝ノエル・カプフェレ、ヴァンサン・バスティアン『ラグジュアリー戦略』P484 ～ 488

本書は『DIAMOND ハーバード・ビジネス・レビュー』誌のWEB版に、
2013年11月から翌年3月まで掲載された「ラグジュアリーは変われるか?」
というシリーズ連載の記事を加筆修正したものです。
岩佐文夫編集長を始め、編集部のみなさまには大変お世話になりました。
また、ビジネス書でありファッション系の本でもある難しさをものともせず、
素晴らしい装丁に仕上げていただいたスープデザインの尾原さん、後藤さん。
そして取材にご協力いただき、書籍化に際してもご快諾いただいた、
ブランド各社および、識者のみなさまにも心より感謝を申し上げます。

2015年12月吉日　　小山田裕哉

小山田裕哉（おやまだ・ゆうや）

ライター・編集者。1984年生まれ。岩手県出身。日本大学芸術学部映画学科卒業後、映画業界、イベント業などの職種を経て、フリーランスのライターとして執筆活動を始める。扱うジャンルは幅広く、ビジネス・カルチャー・ファッション・広告・時事問題など、「アイドルからラグジュアリーブランドまで」をテーマに、さまざまな媒体で執筆・編集活動を行っている。本書は初の単著となる。

ブックデザイン　尾原史和、後藤麻衣（SOUP DESIGN）
写真　Getty Images
P73　Burberry　P183 下 Dunhill
P219　上 Lexus International ／下 Audi Japan
P286　The Asahi Shimbun ／ Getty Images

売《う》らずに売《う》る技術《ぎじゅつ》
高級《こうきゅう》ブランドに学《まな》ぶ安《やす》売りせずに売《う》る秘密《ひみつ》

2016年1月30日　第1刷発行
2016年3月8日　第2刷発行

著者　小山田《おやまだ》 裕哉《ゆうや》

発行者　加藤 潤

発行所　株式会社 集英社
〒101-8050　東京都千代田区一ツ橋 2-5-10
電話　編集部 03-3230-6068
読者係 03-3230-6080
販売部 03-3230-6393（書店専用）

印刷所　大日本印刷株式会社
製本所　ナショナル製本協同組合

ISBN 978-4-08-786057-3 C0033